Ellen Nieswiodek-Martin

Weihnachten – Zeit des Lichts

Über die Herausgeberin:
Ellen Nieswiodek-Martin ist Chefredakteurin der Zeitschrift
LYDIA und Herausgeberin mehrerer Bücher. Sie ist verhei-
ratet und hat sechs größtenteils erwachsene Kinder.

Ellen Nieswiodek-Martin (Hg.)

Weihnachten
ZEIT DES LICHTS

Wahre Geschichten,
die den Advent zum Leuchten bringen

Lydia

INHALT

VORWORT
Licht in der Dunkelheit

Der Dezember ist die dunkelste Zeit im Jahr. Im Advent werden die Tage immer kürzer, die Stunden, in denen es hell ist, immer weniger. Vermutlich ist das auch ein Grund dafür, dass Lichterketten und Kerzen in dieser Zeit so wichtig sind. Bei Sonnenschein würden sie nicht zur Geltung kommen, aber jetzt, während der dunklen Jahreszeit, helfen sie, die Dunkelheit erträglich zu machen. Denn Licht leuchtet bekanntlich dann am besten, wenn es dunkel ist.

Wir brauchen Licht, um uns wohlzufühlen und um gesund zu bleiben. Unser Körper braucht Licht und unsere Seele auch. Der Schöpfer allen Lebens, unser allmächtiger Gott, weiß das.

Als Gott die Erde schuf, knipste er deshalb erst mal das Licht an, wie wir im Schöpfungsbericht lesen können: „Und Gott sprach: ‚Es werde Licht!‘ Und es wurde Licht" (1. Mose 1,3; ELB). Damit trennte er Licht von der Finsternis. Bevor er sich an die Arbeit machte, irgendetwas anderes zu erschaffen, wollte Gott, dass es hell ist.

Die Ereignisse der letzten Jahre – Krieg, Pandemie, Auswirkungen des Klimawandels und einiges mehr – wurden begleitet von schlimmen Nachrichten und immer neuen belastenden Informationen. Wie kann man in dunklen Zeiten wie diesen Advent und Weihnachten feiern? Lieb gewonnene Rituale wie Plätzchen backen und die Wohnung dekorieren können kurzfristig eine schöne Stimmung erzeugen, und natürlich sollen sie auch ihren Platz in der (Vor-)Weihnachtszeit beibehalten. Aber sie allein können uns nicht tragen und auch nicht die dunklen Schatten erhellen, die gerade auf der Welt liegen. Was kann uns also wirklich Halt geben, was bringt ein Licht der Hoffnung in unser Leben?

Mir hilft es, wenn ich mir die Bedeutung des Weihnachtsfestes ganz neu bewusst mache. Wenn ich weg von mir selbst und hin zu Jesus schaue. Er war an dem besten Ort, den man sich nur vorstellen kann: im Himmel bei Gott, seinem Vater. Doch er verließ diesen vollkommenen Ort und kam auf die Erde, wo er Windeln tragen und mühsam alle Stufen der menschlichen Entwicklung durchlaufen musste. Jesus wusste, worauf er sich einließ.

Wenn ich diese unglaubliche Tatsache bis in alle Details durchdenke, bis hin zu seinem Tod am Kreuz, breiten sich Staunen und Dankbarkeit in meinem Inneren aus. Dann wird es mir leichter ums Herz und heller in der Seele. Dann sehe ich das größere Bild, wenn ich die Krippe anschaue. Jesus hat uns das wahre Licht gebracht, damit wir nicht mehr in der Dunkelheit bleiben müssen.

Die Geschichten in diesem Buch zeigen, wie ganz unterschiedliche Frauen dies in konkreten Situationen erleben durften. Sie erzählen, was ihnen geholfen hat, Gottes großes Geschenk an uns wirklich zu verstehen, und wer oder was ihre Adventszeit zum Leuchten gebracht hat.

Lassen Sie sich von den wahren Geschichten dieser Frauen ermutigen und dazu inspirieren, das Wunder der Weihnachtszeit neu zu entdecken.

Ich wünsche Ihnen eine Adventszeit voller Licht – und voller „erhellender" Erfahrungen.

Ihre Ellen Nieswiodek-Martin

KAPITEL 1

Weihnachten mit Überraschungen

Überraschung

CHRISTINE SCHLAGNER

Vor etwa einem Jahrzehnt kam er zu mir und sollte eigentlich seinen Weg zu einer christlich-sozialen Einrichtung finden … Aber seine stattliche Größe (mit einer Grundplatte von 40 x 80 cm und einer Giebelhöhe von 50 cm) machte ihn leider unattraktiv für mein Vorhaben. Denn so ein Krippenstall muss bekanntlich über das Jahr hinweg eingelagert werden können. Da fand man keinen Raum für so eine große Herberge.

Eine Krippe ist schließlich nur saisonal ein Hingucker. Na ja, und weil meine auch noch ohne Krippenfiguren daherkam, war auf Anhieb nicht mal ein weihnachtlich stimmendes Hingucken möglich. Also wanderte der Stall damals – für eine kurze Übergangzeit, wie ich meinte – in die hinterste Ecke der Dachkammer und wurde schließlich von anderen Dingen überlagert.

Dann, eines Tages, überrumpelt mich meine Entschlusskraft: „So, nu is abba ma gut, Christine!", ermahne ich mich selbst, als ich etwas in der engen Kammer suche. „Heute ist es so weit!

Es ist wieder Adventszeit, und ich werde den Stall über *eBay* verkaufen, so schön er auch ist und so liebevoll, wie ihn der freundliche alte Herr damals auch gebaut hat. Du brauchst den Stall nicht! Loslassen und mit weniger Gepäck leben – das ist jetzt die Devise!"

Damit bugsiere ich den riesigen „Töschi", wie man bei uns sagt, kurz entschlossen durch alle engen Türen des Hauses hinaus auf den Balkontisch, damit er dort für ein Fotoshooting „posieren" kann. Vielleicht sprechen die Fotos ja an und irgendjemand hat noch seine Freude an der alten Herberge? Das wäre schön.

Und wie der Stall da so in der winterlichen Mittagssonne steht, kommen sein Fachwerk, die Echtholz-Dachschindeln, die Sprossenfenster, der Heuboden, zu dem eine Leiter führt, die Stalllaterne und alle anderen schönen Details so richtig zur Geltung.

„Nein, Christine, du wirst jetzt nicht weich, weil er so schön ist! Jetz' isser einmal hier, und wird verkauft!", bin ich streng mit mir. „Mein Entschluss steht … ähm … ziemlich fest. Jawoll!" Und so verkünde ich es auch meinem erstaunten Mann. „Wow, das hätte ich nicht für möglich gehalten!", sagt er. Ich bin von meinem konsequenten Handeln fast selbst begeistert.

So weit, so gut. Mein kleines Shooting kann starten. Es braucht aber gar keine Fotos, denn just in diesem Moment kommt eine Bekannte vorbei, sieht den Stall, lobt seine Schönheit und sagt Dinge wie: „Der lässt sich zu Weihnachten richtig schön herrichten! … Wenn ich nicht schon selbst einen hätte …

Ich habe alte Krippenfiguren, die dort genau hineinpassen würden, die kann ich gern vorbeibringen! Manche sind allerdings schon ein wenig angeschlagen ... Mit etwas Stroh und Moos dazu ... Der Stall kann richtig toll werden!"

Nun, mal ehrlich? Kann ich dazu denn Nein sagen? – Nö!

Mein hehrer Entschluss schmilzt wie Butter in der Sonne, und wir Frauen verabreden uns zum Weihnachtsstallherrichten. Ich lasse mich gern von ihrer Fröhlichkeit und ihrem Tatendrang überwältigen und bin gespannt, wie der Stall später einmal aussehen wird.

Gleichzeitig spüre ich jedoch, dass ich irgendwie noch auf etwas anderes gespannt bin, und deshalb hört Gott mich zu ihm sprechen: „Ich weiß nicht, ich hatte mir das ja ganz anders gedacht. Aber vielleicht kommt irgendwas Gutes dabei herum? Ich lasse mich mal überraschen, ob du etwas damit vorhast ..."

Hergerichtet ist der Stall schließlich ein echter Knaller! Das findet auch mein Mann. Und auch die Stifterin des Interieurs ist happy.

Unverhofft haben wir eine perfekt eingerichtete Krippe bekommen: Jesus liegt in der Futterkrippe, in der Mitte des Stalles. Maria kniet neben ihm. Joseph steht daneben und hält eine Laterne. Ochs und Esel, rechts und links im hinteren Teil der Herberge, sind bequem auf Stroh gebettet. Der Hirte hat seinen Hut Ehre erbietend abgenommen, steht mit seinen Schafen seitlich und schaut zu Christus. Der erste der Heiligen Drei Könige / Sterndeuter betet Jesus an. Seine „Kollegen" kommen hinterdrein.

Es gibt eine Feuerstelle mit Kochtopf – für Wärme und Essen ist also gesorgt –, einen Leiterwagen, eine Viehtränke und am First des Stalles klebt jetzt der große Stern. Herz, was willst du mehr? Eine wirklich krasse Überraschung!

Auf den ersten Blick könnte man tatsächlich annehmen, wir hätten tief in die Tasche gegriffen und uns eine neue Krippe zugelegt. Der zweite – und damit der genauere – Blick erzählt mir jedoch eine andere Geschichte …

Ich sitze abends bei Kerzenschein im warmen, gemütlichen Zimmer vor unseren Neuzugängen im Stall und schaue sie mir eingehend an.

„Manche Figuren sind ein wenig angeschlagen", hatte unsere Bekannte gesagt. Und wir hatten gemeinsam das hinkende Schäfchen ins Moos gestellt. Ihm fehlen zwei Unterschenkel, aber stehen kann es dennoch, weil es jeweils diagonal zu den Hinkebeinchen noch zwei heile Beinchen hat und das tiefe Moos ihm Halt bietet. Darüber hinaus kaschiert das Moos seine Behinderung.

Dass der Hirte statt eines Hirtenstabes einen Schaschlikspieß in der Hand hält, ist ein gelungener Behelf, finde ich. Im echten Leben müssen wir ja auch immer mit irgendwelchen Behelfen zurechtkommen, oder?

Dem anderen Schäfchen sind die Ohren abhandengekommen. Das fällt aber nur auf, wenn man wirklich ganz genau hinschaut. Und ich sagte noch zu unserer Bekannten: „Genau dafür ist Jesus ja gekommen – für alle, die nicht gesund, heile und fit sind. Und für die Menschen, die sich mit Behelfen und

Einschränkungen abfinden und arrangieren müssen. Bei Jesus sind alle willkommen!"

Oh, und einem der Könige ist ein Zacken aus der Krone gebrochen, sehe ich jetzt und schaue gleich nach, woher die Redewendung „einen Zacken aus der Krone brechen" stammt. Meine Recherchen ergeben: Die Anzahl der Zacken einer Krone soll in früheren Zeiten den Rang angezeigt haben: Der König trug folglich die größte Anzahl an Zacken. Fürsten, Grafen und andere Adelige entsprechend ihrem Rang weniger. Heiratete zum Beispiel eine adlige Lady einen Mann aus einem niedrigeren Stand, „brach sie sich einen oder mehrere Zacken aus der Krone", weil ihr Ehemann, seinem niedrigerem Stand gemäß, eine geringere Anzahl an Zacken in der Krone hatte. Also hatte auch sie an Stellung eingebüßt.

Unser König mit seiner fehlenden Zacke „erzählt mir", dass er sich vor dem Ranghöchsten beugt. Er ist beim König der Könige angekommen, bei Jesus Christus, und da demütigt er sich bereitwillig selbst und will anbetend vor Gott niederknien.

Demut vor dem Allmächtigen ist eine hohe Tugend. Die Bibel sagt, dass Gott demütigen Menschen gnädig ist.

Ich freue mich, dass diese „Krippenmannschaft" zu uns gefunden hat. Die Figuren sind herrlich unperfekt und in einigen von ihnen finde ich mich selbst durchaus wieder.

Als sich schließlich unser Enkel das erste Mal den Stall besieht, bemerke ich, dass er in der katholischen Kita gut aufgepasst hat. Er sagt nur kurz:

„Die sind doch noch gar nicht da!", packt die Könige, verstaut sie auf dem Heuboden und zieht ihnen die Leiter weg, damit sie nicht zu früh herunterkommen können. Dabei grinst mich der Schlingel keck an, weil er seinen kleinen, ordnenden Streich für sehr gelungen hält. Ich muss lachen und habe meinen Spaß daran, dass mein Enkel von dieser bildlichen Darstellung der Weihnachtsgeschichte nicht unbeeindruckt ist.

Als ich die Könige dann wieder aus ihrem Heuboden-Exil hole, fällt mein Blick noch mal auf Maria, und ich werde gewahr, was ich zuvor übersehen habe: Ihr fehlt die linke Hand! Oha! Da brauchen meine Gedanken gar nicht erst in die Ferne zu schweifen, da habe ich sofort Menschen aus meinem Umfeld vor Augen.

Für viele Frauen ist Maria eine Identifikationsfigur. Sie hat viel Leid ertragen, besonders, als sie Jahre später unter dem Kreuz ihres Sohnes stand. Der Anblick hatte ihr das Herz zerrissen. Es war, als würde ein Teil von ihr sterben, und sie konnte ihr Kind nicht halten und den Peinigern nicht wehren.

Unsere Maria hat nur eine Hand! Und sie erinnert mich an alle, die ihre geliebten Kinder, Partner und Freunde nicht halten konnten und mit diesem schweren Verlust versuchen müssen weiterzuleben. Arme Maria! Sie „erklärt mir", wie schwer es für viele Menschen ist, Weihnachten zu feiern, wenn etwas von ihnen selbst genommen wurde. Gerade an Weihnachten, das für viele das wichtigste Familienfest ist, bricht der Schmerz darüber mitunter besonders stark auf. Ich denke, unsere Maria macht es richtig: Sie schaut auf Christus, den Heiland, den

Tröster, den wirklichen Menschenversteher. Ohne ihn wäre das Leben doch auch echt zum Kaputtgehen, oder?

„Appe Hand bleibt appe Hand", wie wir Westfalen sagen, und Verlust bleibt brennend-schmerzender Verlust. Aber Weihnachten hat uns den Helfer ganz nahe gebracht. Das war Gottes Plan. Und der ist gelungen. Jesus hat am Kreuz gerufen:

„Es ist vollbracht!" Seither hat der Tod nicht mehr das letzte Wort. Gut so!

Übrigens: Unsere Ochs-und-Esel-Besetzung, die ja oft als Sinnbild für mäßige Intelligenz und Starrköpfigkeit herhalten muss, ist picobello und hat keinerlei Macken. Könnte dies ein augenzwinkernder Wink sein, dass die menschliche Dummheit und Engstirnigkeit unkaputtbar ist? Mir will es so scheinen.

Ich bin dankbar, dass ich bei Christus willkommen bin, gerade dann, wenn ich mal wieder merke, dass ich vieles nicht begreife. Wenn mir die Konflikte des Lebens, die Widersprüchlichkeiten und die unüberblickbaren Dinge des Weltgeschehens zu viel werden. Und auch dann, wenn meine eigene Unfähigkeit mich peinlich berührt und traurig macht, ist dies ein wirklich feines Weihnachtsgeschenk: Bei Jesus zur Ruhe kommen zu können und mich angenommen zu wissen!

Da hat mir diese Krippe ihre ganz eigene Predigt gehalten!, überlege ich.

Was hatte ich Gott gesagt? „Vielleicht kommt irgendwas Gutes dabei herum? Ich lasse mich überraschen, ob du etwas damit vor hast …"

Ja, da ist was Gutes bei herumgekommen: Zunächst eine stille Predigt für mich, die mich sehr berührt hat. Dann habe ich meinen Enkeln anhand der Krippe die Weihnachtsgeschichte erzählt. Mit den Zweijährigen habe ich die Figuren benannt und sie dann alle zu Jesus gebracht. Den älteren Kids konnte ich schon die Version mit den angeschlagenen Akteuren nahebringen.

Schließlich habe ich in der Pflegeeinrichtung, in der ich arbeite, eine Andacht gehalten, in der ich den Bewohnerinnen und Bewohnern unsere ganz besonderen Krippenfiguren vorgestellt und sie ihnen zum Betrachten in die Hände gelegt habe.

Und alle haben wir gehört: Jeder Mensch ist willkommen, so wie er ist. Alle dürfen zu Jesus kommen. Alle sind wir eingeladen. Und wir Alten haben uns trostvoll zu Herzen genommen:

Was auch immer dich bewegt, dir Schwierigkeiten macht oder dich fast um den Verstand bringt: Du kannst jederzeit zu Jesus kommen und ihm alles, wirklich alles ans Herz legen.

Und was das Loslassen und mit weniger Gepäck leben angeht, das ist jetzt zwar immer noch angesagt, und ich befleißige mich darin, Dinge abzugeben, aber die Krippe wird in den nächsten Jahren weiterhin ihren Platz in meiner Kammer haben – haben *müssen*! Denn ich möchte sie alle Jahre wieder für meine Enkel ins Wohnzimmer bugsieren. Vielleicht helfen mir die Kids nächstes Jahr wieder, die Szenerie aufzubauen. Dann werden die Könige wahrscheinlich wieder eine Weile im Stroh nächtigen müssen und die Leiter zum Heuboden wird wieder versteckt werden. Denn alles hat bekanntlich seine Zeit. Da müssen sich auch unsere Könige dran halten …

Christine Schlagner arbeitet im Sozialdienst
eines Seniorenzentrums.

Das Friedenslicht aus Bethlehem

EDELGARD KORNELSEN

—————◆—————

Mit schwerem Herzen startete ich in den Tag des Heiligabends. Das Jahr war voller Herausforderungen gewesen. Immer wieder gab es einen Lockdown, vieles war unsicher, Wünsche waren nicht in Erfüllung gegangen und es gab noch nicht mal Schnee in der Weihnachtszeit. Wieder ein Weihnachten voller Unvollkommenheit. Ich saß morgens mit meinem Milchkaffee am Küchentisch, schüttete mein Herz vor Gott aus und schrieb folgende Zeilen in mein Tagebuch: „Ich sehne mich nach Ordnung, nach Licht, Heilung, Ruhe – ja, ich sehne mich danach, innerlich zur Ruhe zu kommen!"

Und da ich meistens schreibend bete, schrieb ich: „Bitte hilf mir, und hilf mir, wirklich zur Ruhe zu kommen. Und bitte komm in meine Traurigkeit. Richte meinen Blick wieder auf dich und führe mich zur Ruhe und zur Freude!"

Da mein Sohn Lust auf einen Döner hatte, gingen wir in die Stadt. Dort war es ziemlich leer, auch in der Imbissstube. Während der türkischstämmige Mann im Imbiss den Döner zubereitete, fragte er mich, wie er den Weihnachtsgruß an seine Kunden formulieren sollte. Ich war erst ein wenig verwirrt, dann versuchte ich ihm zu helfen. Schließlich reichte er mir sein Handy und bat mich, die Nachricht einfach selbst zu schreiben. Ich fragte ihn, was er seinen Kunden denn wünschte und er meinte, ich solle einfach schreiben, es wäre die Hauptsache, sie würden gesund bleiben. Wir kamen ins Gespräch darüber, dass Gesundheit zwar wichtig ist, aber der Zusammenhalt auch nicht fehlen dürfe. So durfte ich stellvertretend für ihn seinen Kunden gesegnete Weihnachten wünschen, einen festen Zusammenhalt in der Familie und Gesundheit. Als Belohnung dafür gab es Dönerfleisch. Mehr noch als über das Fleisch freute ich mich allerdings über den Austausch und die unerwartete Aufgabe.

Wieder zu Hause schauten mein Sohn und ich uns einen Livestream-Gottesdienst an, da in diesem Jahr in unserer Gegend keine Gottesdienste in Präsenz stattfanden. Während wir auf dem Sofa saßen und einen außergewöhnlichen Gottesdienst genossen, hörten wir Posaunen oder Ähnliches, und ich dachte, dass bestimmt irgendwo im nahegelegenen Stadtkern musiziert wurde und machte das Fenster Richtung Stadt auf, um besser hören zu können. Doch mein Sohn lief zu dem Fenster, das zu unserer Straße hinzeigt, weil er den Eindruck hatte, dass die Musik von dort kam.

Und tatsächlich: Da waren sie! Zwei Männer posaunten direkt vor unserem Haus, und eine Frau stand daneben mit einem Bollerwagen voller Lichter. Mein Sohn meinte, wir sollten rausgehen, was wir dann auch taten. Als sie ihre Lieder zu Ende gespielt hatten, waren wir immer noch die Einzigen, die rausgekommen waren. Die Frau kam auf uns zu und sagte ganz begeistert: „Ich bringe Ihnen das Friedenslicht von Bethlehem!" Ich war ganz gerührt, weil ich wusste, dass es extra aus Bethlehem in verschiedene Erdteile geflogen wurde. Sie zündete eine dicke Kerze mit einer Stallszene und einem Stern darauf an und reichte mir die Kerze in einem kleinen Gefäß. Das war ein besonderer Moment für mich.

In den vergangenen Jahren war ich öfter nach Israel geflogen, und aufgrund der pandemiebedingten Reisebeschränkungen war es nun ungewiss, wann dies wieder möglich sein würde. Dabei hatte ich noch so viele Reise-Ideen für das Land. Es war, als ob Gott mir mit diesem Erlebnis zeigen wollte: Ich sehe dich und deine Herzenswünsche. Die Tür ist nicht geschlossen. Es gibt noch immer Hoffnung und Licht. Wir sind dann mit dem Friedenslicht zu meinen Eltern und haben zusammen einen schönen Abend verbracht – mit gemeinsamem Essen, Spielen und diesem besonderen Licht. Letztendlich wurde es ein erfüllter Tag, obwohl er so schwer begonnen hatte, einfach weil Gott es sich nicht hat nehmen lassen, Licht in den Tag zu bringen.

Edelgard Kornelsen liebt es, große und kleine Schätze am Wegesrand zu entdecken.

Der Mensch lebt nicht von Honigkuchen allein

DANIELA SIXT

◆

Weihnachtszeit ist für mich nicht nur Lichterzeit, sondern auch Honigkuchenzeit. So sehr ich es auch liebe, wenn Lichterketten, Kerzen und Schwibbögen die dunklen Abendstunden erhellen, noch mehr genieße ich den Geruch von duftenden, frisch gebackenen Plätzchen und Honigkuchen. Das ist zwar eine schöne Sache, doch genau diese wurde für mich zum Problem: Wie immer buk ich Anfang Dezember Weihnachtskekse.

In jenem Jahr begnügte ich mich jedoch nicht nur mit den altbewährten, sondern probierte weitere leckere Rezepte aus. Nach drei arbeitsreichen Tagen war ich stolze Bäckerin von immerhin 12 Sorten, die ich in jeweils doppelter Ausführung gebacken hatte. Nun verwahrte ich alle Plätzchen liebevoll in Dosen und lagerte sie im Keller. Der Anblick dieser Behältnisse befriedigte mich als damals noch junge Mutter zutiefst.

Um zu verstehen, weshalb diese Kekse derart positive Gefühle in mir auslösten, muss ich zunächst einmal auf meine damalige Situation eingehen: In dieser Zeit wurde ich durch meine Kindergarten- und Grundschulkinder viel öfter von anderen Emotionen heimgesucht als von den eben beschriebenen. Ich war tagein, tagaus beschäftigt, Woche für Woche und Jahr für Jahr. Doch egal, was ich tat, sei es aufräumen, kochen, mit den Kindern spielen, Hausaufgaben beaufsichtigen, das Einmaleins trainieren, Streitereien schlichten oder etwas anderes, was gerade anstand, nichts blieb davon übrig, oder aber es verflüchtigte sich in kürzester Zeit wieder.

Mit den Plätzchen war das anders. Sie entstanden unter meiner Hand, ihr Duft zog durch das ganze Haus, sie schmeckten vorzüglich und waren jedes für sich kleine Kunstwerke. Außerdem verschwanden sie nicht wie das Mittagessen nach einem kurzen, missmutigen Raunen in den Mündern meiner Familie, sondern wurden wie ein kostbarer Schatz verstaut und nur zu besonderen Anlässen angeboten. Jedes Mal, wenn ich das tat, erntete ich Anerkennung und Lob sowie glückliche Kinder- und Ehemannaugen. Gleichzeitig stillten diese Kekse meinen Bedarf an Kraftfutter für die Seele und wurden im alltäglichen Einerlei zu meinem Trostpflaster.

Doch meine Gier entwickelte zunehmend einen ungesunden Nebeneffekt und schlug sich nicht nur auf der Waage nieder, sondern immer mehr auch auf meinem Gemüt. Eigentlich war die Adventszeit doch eine Lichterzeit, eine Zeit, in der wir uns auf die Ankunft dessen vorbereiten, der das Licht der Welt ist. Doch mit jedem Gang in den Keller wurde es trotz unserer schönen Weihnachtsbeleuchtung immer finsterer in mir. Dabei war mir klar, dass ich keinen Hunger hatte, aber irgendetwas machte mich unersättlich und trieb mich zu den Plätzchen und dem Honigkuchen.

Das musste aufhören – aber wie? Ich hatte keine Idee, wie Licht in meine adventlichen Kellertouren hereinkommen sollte. Deshalb wandte ich mich eines Abends, nachdem ich das x-te Mal im Untergeschoss verschwunden war, resigniert an Gott: „Lieber Vater, bitte hilf mir, mit dem übermäßigen Naschen aufzuhören! Befreie mich von diesen Plätzchen!"

Beten kann gefährlich sein. Ich hatte nicht damit gerechnet, dass Gott mich beim Wort nehmen könnte. Doch genau das tat er!

Am nächsten Tag war ich mit vier anderen Frauen zum Frühstück eingeladen. Die Gastgeberin stellte später auch Plätzchen auf den Tisch, was das Gespräch plötzlich in eine andere Richtung lenkte. Eine meiner Bekannten nahm einen Keks, schaute ihn bedächtig an und fragte die Erzeugerin dann, ob sie diese Plätzchen auch verkaufen würde, was diese irritiert verneinte.

Daraufhin berichtete die Frau von ihrem Dilemma: Sie habe versprochen, für den Schulbasar Plätzchen zu backen und kleine Tütchen für den Verkauf bereitzustellen. In normalen Zeiten wäre das in Ordnung gegangen, doch wegen ihres bevorstehenden Umzugs habe sie weder Zeit noch Nerven, eine Backorgie zu veranstalten, und würde nun die zugesagten

Plätzchen kaufen müssen. Kaum hatte diese Mutter ihre Not erzählt, hörte ich mich sagen: „Wenn du möchtest, kannst du meine Plätzchen haben!"

Was war nur in mich gefahren? Vielleicht hatte ich es getan, um mein Gewissen zu beruhigen. Außerdem nahm ich an, dass eine Hausfrau niemals auf so ein Angebot eingehen würde. Schließlich musste sie wissen, wie viel Arbeit und Mühe eine ausgiebige Weihnachtsback-Aktion mit sich brachte. Doch da hatte ich weit gefehlt! Meine Bekannte begann zu strahlen, fiel mir um den Hals und bedankte sich überschwänglich. *Oh weh! Was würde meine Familie sagen? Und überhaupt, wofür hatte ich neue Rezepte ausprobiert und eine neue Vielfalt an kleinen Backkunstwerken erschaffen, wenn nun andere die Frucht meines Backwahns genossen?*

Auf der Heimfahrt entwickelte ich notgedrungen einen Weihnachtsplätzchen-Rettungsplan: zu Hause angekommen befüllte ich eine Dose mit einer Auswahl von allen Sorten und stellte sie für die Weihnachtstage für meine Familie zur Seite. Dabei beruhigte ich mich damit, dass die meisten Plätzchen sowieso bis Heiligabend von mir vernichtet worden und zu Hüftgold geworden wären, wenn ich so weitergemacht hätte.

Nachdem ich die Dosen samt Inhalt schließlich los war, staunte ich über Gottes Antwort auf mein vielleicht nicht ganz ernst gemeintes Gebet. Auch wenn ich es nur halbherzig ausgesprochen hatte, Gott hatte mich beim Wort genommen. Daraufhin hatte er mich mit meiner und die verhinderte Bäckerin mit ihrer Not zusammengeführt, sodass uns am Ende beiden geholfen war. Außerdem ergab sich daraus ein schöner Nebeneffekt, denn dieses Erlebnis eröffnete mir die Möglichkeit, der Mutter von meinem Gebet zu erzählen. Sie staunte und freute sich nun ein weiteres Mal über das für sie unglaubliche Angebot, zumal sie nicht für Kekse gebetet und Gott sich trotzdem darum gekümmert hatte.

Meine Gebetserhörung wurde also für uns beide zu einer wunderbaren Erfahrung! In meiner Seele wurde es wieder hell. Ich suchte nun nicht mehr ständig nach unbemerkten Möglichkeiten, um Weihnachtskekse zu naschen, sondern war in dieser Erfahrung wieder ganz neu dem Licht der Welt, Jesus Christus, begegnet.

Und wissen Sie, was mir noch bewusst wurde? Ein für mich damals ganz neuer Zusammenhang: Das Licht der Welt ist in Bethlehem geboren, was übersetzt „Haus des Brotes" heißt. Ungefähr dreißig Jahre später benutzte Jesus Christus dann ein weiteres Bildwort und sagte, dass er nicht nur das Licht der Welt, sondern auch das Brot des Lebens sei und unseren Hunger – unseren Lebenshunger – stillen möchte. Das tut er, indem wir unseren inneren Menschen von seinem Wort, dem Wort Gottes, ernähren. Denn Jesus Christus heißt und ist selbst das Wort Gottes (vgl. Johannes 1,19 + Offenbarung 19,13). Deshalb begegnen wir ihm auch heute im Wort Gottes, der Bibel.

Vielleicht fragen Sie jetzt: „Was hat das denn mit Honigkuchenlust zu tun?" Nun, genau dieser Jesus sagte auch, dass der Mensch nicht vom Brot allein lebt, sondern genauso vom Wort Gottes. Laut Psalm 119,103 kann dieses Wort sogar zur

Leib- und Magenspeise werden: „Dein Wort ist meine Lieblingsspeise, es ist süßer als der beste Honig" (Psalm 119,103).

Und tatsächlich kommt dieser Geschmack je länger, desto mehr meinem immer noch vorhandenen Süßhunger entgegen. Und umso mehr ich mich in Gottes Wort vertiefe, desto unersättlicher werde ich, doch diesmal ohne Auswirkungen auf meine Kleidergröße. Im Gegenteil, denn ich erlebe immer wieder, dass sich durch Gottes Wort mein Lebenshunger stillen lässt. Damit meine ich den Hunger nach Lebensfülle oder anders gesagt, nach einem erfüllten Leben.

Der Mensch lebt eben nicht vom Brot (oder Honigkuchen) allein, sondern muss seinen Hunger bei dem stillen, der wirklich satt macht: beim Brot des Lebens, bei dem, der im Haus des Brotes geboren und das Wort Gottes ist – Jesus Christus.

Daniela Sixt, geboren 1967, wohnt mit ihrer Familie bei Stuttgart. Sie arbeitet als christliche Lebensberaterin in eigener Praxis und ist Referentin bei Frauenveranstaltungen. Im Herbst 2021 erschien im SCM-Verlag ihr Buch „Change of Life. Die Wechseljahre annehmen, verstehen und als Chance nutzen".

Du bist Licht!

ANNA-LENA SATLER

◆————————◆

Meine Schwester hat zwei Tage vor Weihnachten Geburtstag. Das stellt mich immer wieder vor die Herausforderung, gleich zwei passende Geschenke innerhalb kurzer Zeit zu finden. Beim „Online-Stöbern" entdeckte ich letztes Jahr eine wunderschöne Halskette. Auf dem Anhänger der Kette stand ein ermutigender Bibelvers, der gut in ihre aktuelle Lebenssituation hineinpasste. Ich bestellte sie direkt.

Am nächsten Tag bekam ich eine Nachricht der Verkäuferin. Sie habe das gewählte Motiv leider nicht mehr vorrätig. Sie entschuldigte sich und bot mir an, ein anderes Motiv zu wählen. Als Wiedergutmachung würde sie mir zudem eine zweite Kette dazu schenken. Ich empfand ihr Angebot als sehr großzügig und freute mich darüber. Den Spruch, den ich für meine Schwester ausgesucht hatte, gab es noch mal auf einer anderen Kette in schlichterer Form, ohne Blümchen und Schnörkel – was vielleicht sogar besser zu meiner Schwester passte!

Dann bekam ich plötzlich den Eindruck, dass Gott zu mir sagte, die andere Kette sei ein Geschenk von ihm für mich. Überrascht von diesem Gedanken, zog vorsichtig und langsam die Freude darüber in mein Herz ein. Ich wählte eine Kette aus, auf deren Anhänger das Wort „Faith" gedruckt war. Das würde mich immer wieder daran erinnern, aus Glauben zu leben, besonders in Zeiten, in denen ich Gottes Wirken (noch) nicht sehen oder fühlen kann.

Einige Tage später lag ein Umschlag in meinem Briefkasten. Das Geschenk für meine Schwester war wie gewünscht geliefert worden, doch was meine Kette betraf, hatte Gott es sich offenbar nicht nehmen lassen, die Auswahl des Motivs selbst zu treffen. Erstaunt stellte ich fest, dass auf dem Anhänger der Kette, umrahmt von blühenden Rosen, „You are the light of the world" anstatt „Faith" stand.

Ich merkte, wie mir die Tränen kamen. Es dauerte ein paar Momente, bis ich verstand, was Gott da gerade in meinem Inneren angesprochen hatte. Durch eine Rose hatte Gott mir bereits vor vielen Jahren einmal zugesprochen, dass er meine damals verschlossene, depressive Seele hegen und pflegen werde, bis sie wieder neu erblüht. Dieser hoffnungsvolle Zuspruch wurde mir von einer Frau weitergegeben. Sie verglich mich mit einer (noch) verschlossenen Blume und Jesus mit einem liebevollen Gärtner. Und nur wenige Tage danach drückte mir in einer mir fremden Stadt ein fremder, älterer Herr aus heiterem Himmel eine Rose in die Hand und ging wortlos weiter.

Diese Begegnung fand auf einer christlichen Veranstaltung statt, die von Tausenden Menschen besucht war, doch niemand außer mir bekam eine Rose an diesem Abend, und ich wusste in meinem Herzen sofort, dass Gott damit die Worte der Frau für mich bestätigen wollte. Er hatte bereits kurz zuvor in der Lobpreiszeit mein Herz so sehr angerührt, dass ich frei mitsingen konnte, obwohl ich in Menschenansammlungen bis zu diesem Zeitpunkt unter starken Ängsten gelitten hatte.

Doch es waren nicht nur die Rosen auf dem Motiv, die mich berührten, auch der Vers sprach zu meinem Herzen. Im letzten Jahr hatte Gott mich in meinem Glaubensleben regelrecht wachgerüttelt und Blockaden der Menschenfurcht in mir zerbrochen, sodass ich mehr als in allen vorherigen Jahren meines Christseins eine Zeugin für ihn sein konnte. Ich sprach fremde Menschen an und sagte ihnen, dass Jesus sie liebt. Wenn mir Ablehnung begegnete, erfüllte mich Gottes Liebe für diese Person umso mehr und ich betete im Weitergehen von ganzem Herzen für sie. Mein Herz war in diesen Monaten von Gottes Liebe so gefüllt und so überzeugt gewesen, dass ich mutige Schritte im Glauben gegangen war.

Doch in der Adventszeit angekommen, fühlte ich mich nun oft entmutigt. Ich wünschte mir so sehr, mehr Frucht sehen zu dürfen und Menschen zu Jesus kommen zu sehen. Ich kämpfte im Gebet für diese Menschen, doch ich sah einfach noch keine Frucht. Die Freude, die ich in den Monaten zuvor empfunden hatte, schien von einer Schwere bedroht zu werden, die ich nicht in mein Herz einziehen lassen wollte. Von alldem, was in mir vorging, wusste mein lieber himmlischer Vater. Sein Geschenk war für mich deshalb eine so große Ermutigung:

Du bist *Licht in dieser Welt, auch wenn du es selbst so wenig wahrnimmst. Du bist es, weil das Licht der Welt – Jesus Christus – in dir lebt!* Anstatt mich aufzufordern, mehr Glauben zu haben, sprach Gott mir erneut meine wahre Identität zu: Du *bist*! Kann ein Vater liebevoller zu seiner Tochter sagen: „Lass dich nicht entmutigen! Versteck dich nicht wieder, mein Kind. Denn du bist Licht!"

Zum ersten Mal nahm ich diese Worte Jesu aus dem Matthäusevangelium 5, Vers 14, als Zuspruch wahr. Vor diesem Erlebnis hatte ich sie immer als Aufforderung verstanden, deshalb hätte ich mir dieses Motiv wohl eher nicht selbst ausgesucht.

Mein Verstand wusste zwar, dass ich dieses Licht sowieso nicht aus mir heraus produzieren kann, sondern dass „mein Leuchten" allein aus der innigen Gemeinschaft mit dem, der das Licht ist, entsteht. Doch mein Herz hatte dies bis dato wohl noch nicht ganz begriffen. Ich leuchte von allein, wenn ich mich von Jesus, von seinem Licht und seiner Herrlichkeit in seiner liebenden Gegenwart anstrahlen lasse.

Die Weihnachtszeit erinnert mich nun nicht nur daran, dass „das Licht in die Welt kam", sondern auch daran, dass dieses Licht immer noch da ist, dass es immer noch leuchten möchte – durch dich und durch mich. Die tiefe Botschaft von Weihnachten können wir kaum in Worte fassen, aber wir können sie ausstrahlen! „Immanuel – Gott mit uns. Immer noch!" Er will so eins mit uns sein, dass die Menschen sein Licht in uns sehen und ihre Dunkelheit durchbrochen wird. Ich wünsche mir nichts sehnlicher als diese Einheit, dieses Leuchten zu leben. Ich wünsche mir zur Weihnachtszeit deshalb, dass nicht nur Kerzen angezündet und Lichterketten aufgehängt werden, sondern dass ich erleben darf, wie das Licht der Welt heimatlose Herzen erhellt. Ich wünsche mir, staunend zuschauen zu dürfen,

... wie Jesus in das Leben von Menschen kommt und ein neues Leben in Hoffnung und Glauben geboren wird.

... wie die Geschichte von den armen Hirten aus Bethlehem plötzlich die Geschichte dieser obdachlosen Frau wird, die ich an der Bushaltestelle sitzen sehe – wenn sie hört, dass ihr Retter ganz in ihrer Nähe ist und sie ihn schließlich entdeckt. Nicht zwischen Heu und Stroh, sondern zwischen Glasscherben unter dem Abfallkorb und alten Kaugummis auf dem Asphalt. Zwischen Nöten von heute und Sorgen von morgen. Genau da, wo sie jetzt ist ...

„Ihr seid das Licht der Welt. Es kann eine Stadt, die auf einem Berg liegt, nicht verborgen bleiben" (Matthäus 5,14 SLT).

Anna-Lena Satler lebt mit ihrer Familie im Sauerland, isst aber lieber süß und verschenkt am liebsten Bücher. Sie ist von Beruf Ergotherapeutin und Mutter, schreibt sich aber leidenschaftlich gern alles vom Herzen, was sie bewegt.

Samtrote Nikolausstiefel

ELLEN NIESWIODEK-MARTIN

◆———————◆

Letztes Jahr begann die Adventszeit ein bisschen schwermütig für mich: Einige Wochen vorher waren meine großen Töchter zum Studium ausgezogen und ich musste mich noch an die leeren Zimmer gewöhnen. Aber unsere jüngste Tochter war ja noch da – mit aller Lebendigkeit eines Grundschulkindes. Eines Tages kam sie ganz aufgeregt aus der Schule zurück und fragte mich, ob ich gern etwas zum Nikolaustag haben möchte. Sie habe auf dem Weg zur Schule so etwas Tolles beim Bäcker gesehen. Später zählte sie ihr Taschengeld. Meine Hinweise, dass sie auf keinen Fall viel Geld für uns ausgeben soll, überging sie mit dem überlegenen Lächeln einer Achtjährigen.

Als wir am nächsten Tag einkaufen fuhren, packte sie ihr Portemonnaie ein und vereinbarte mit mir, dass sie allein zum Bäcker gehen wollte. Ich sollte warten und durfte auf keinen Fall durchs Schaufenster schauen.

Sie kehrte mit einer großen Papiertüte zurück, die sie zu Hause schnell versteckte. Das ganze Kind strahlte vor Freude.

Die Tage bis zum 6.12. erzählte sie uns immer wieder, was für eine tolle Überraschung wir bekommen würden. Tagelang freute sie sich darauf, uns zu beschenken.

Am 6.12. standen sie dann da: zwei samtrote Nikolausstiefel mit Glitzersteinen und weißen Bommeln. Einer für Mama, einer für Papa. Sie waren gefüllt mit Plätzchen vom Bäcker. Als sie uns beim Auspacken der Stiefel zusah, strahlte sie mit den Kerzen auf dem Adventskranz um die Wette.

Etwas später erfuhr ich, dass sie das Taschengeld von 12 Wochen für die beiden Stiefel ausgegeben hatte. Aber sie bereute die Ausgabe nicht einen Moment lang, sondern meinte nur: „Dann muss ich eben wieder ein bisschen sparen."

In meinem Kopf tauchte ein Satz aus der Bibel auf: „Einen fröhlichen Geber hat Gott lieb" (2. Korinther 9,7; LU). Ihre Freude am Schenken hat mich beschenkt und mir in der Adventszeit einen wertvollen Gedankenanstoß gegeben.

Ellen Nieswiodek-Martin ist Chefredakteurin der Zeitschrift LYDIA und Herausgeberin mehrerer Bücher. Sie ist verheiratet und hat sechs, größtenteils erwachsene Kinder.

Eine Idee, die mir schon vier Jahrzehnte lang Freude macht

RENATE SCHWEHN

———◆———

Es ist Herbst geworden, doch heute scheint die Sonne durch alle Ritzen. Die Bäume haben ihr prächtiges Herbstkleid angezogen, und ein leichter Wind wirbelt die bunten Blätter, die schon zu Boden gefallen sind, wie zum letzten Tanz durch die Luft.

Überraschungsgäste aus unserer ersten Gemeinde im Ruhrgebiet sind da. Sie machen gerade eine Urlaubsreise und legen dabei einen Zwischenstopp bei uns in unserem neuen Wohnort im Allgäu ein. Gemütlich sitzen wir am Kaffeetisch zusammen und erzählen.

Wir fragen nach Frau B., die wir im Ruhrgebiet kennenlernten. Sie hat sich immer so gern zum Gottesdienst einladen lassen, war aber traurig, dass ihr Ehemann nie mitkam. Er war Atheist und verstand den Glauben seiner Frau nicht. Ihr einziger Sohn war im Krieg gefallen. Wir hören, dass Frau Bach inzwischen ins Altenheim gekommen, ihr Mann gestorben und sie sehr einsam sei.

Spontan beschließe ich, Frau B. zu schreiben und notiere mir ihre Adresse. Bald werden ja Plätzchen gebacken und so schnüre ich ein paar Tage später ein Überraschungspäckchen für sie. Ich schreibe ihr, dass ich ihr in diesem Jahr eine besondere Freude machen wolle, dass ich herzlich an sie denke und meine ganze Liebe mit eingepackt habe. Frau B. bedankt sich sehr für den einzigen Weihnachtsgruß, den sie bekommen hat.

Im folgenden Jahr in der Adventszeit fische ich Post von Frau B. aus dem Briefkasten: „Wo bleibt das Päckchen?" Mit dem Fahrstuhl sei sie immer wieder voll Hoffnung nach unten zum Briefkasten und mit leeren Händen wieder nach oben. Wie ehrlich schreibt sie. Und wie sehr habe ich sie enttäuscht ...

Schnell ist wieder ein Päckchen gepackt und auf dem Weg zu ihr. Seither bekommt sie jedes Jahr eines von mir. Einmal schenke ich ihr ein kleines Vogelhäuschen mit Futter. Da schreibt sie mir mit ten im Jahr, dass das Pflegepersonal das Vogelhäuschen auf ihrem Balkon angebracht hat. Ein Meisenpärchen habe inzwischen tatsächlich ein Nest darin gebaut, und sie könne vom Fenster aus beobachten, wie die Jungen gefüttert werden. Ich freue mich herzlich mit!

In ihrer letzten Post schreibt die 90 Jahre alt gewordene Frau B.: „Bis zum Fest wollte ich das Päckchen nicht öffnen, aber ich habe es nicht geschafft." Freudentränen sind geflossen, und mit zittrigen, großen Buchstaben schreibt sie: „Jesus lebt! Amen." Welch ein Vermächtnis!

Bis heute verschicke ich jedes Jahr ein Überraschungspäckchen. Es erreicht immer eine andere Person, an die ich oft gedacht und für die ich gebetet habe.

Renate Schwehn ist Pastorenfrau, hat vier Kinder und acht Enkel und lebt in Hessen. Sie engagiert sich gerne in der Gemeinde- und Frauenarbeit und liebt kreatives Gestalten.

Das erste Weihnachten in der neuen Heimat

BEATE BAUR

◆————————◆

Laut jubelnd stürmte die Kinderschar in unser Wohnzimmer. Große Kinderaugen bestaunten den Baum, der im Lichterglanz der Kerzen hell erstrahlte. Am Baum aufgehängte Wunderkerzen versprühten ihre Funken. Obwohl die Kinder verschiedene Sprachen redeten und sich nicht verstanden, unterschieden sie sich in ihrem Lachen und ihrer Freude nicht.

Zu meinen eigenen vier Kindern gesellten sich dieses Jahr drei Kinder aus Pakistan, die erst zwei Tage zuvor mit ihrer Mutter nach Deutschland gekommen waren.

Ihrem Vater David, einem pakistanischen Pastor, war die Flucht schon einige Monate zuvor gelungen. In seinem Heimatland musste er aufgrund seines Dienstes um sein Leben fürchten. Er wollte seine Heimat zunächst nicht verlassen, aber nachdem ein naher Verwandter ermordet worden war, entschloss er sich doch, aus dem Land zu flüchten. Ohne seine Familie machte er sich über den Landweg auf in Richtung Europa. Nachdem David in Deutschland Asyl beantragt hatte, wurde er in die Erstaufnahmestelle nach Karlsruhe verlegt, wo sich auch unsere Gemeinde befindet. Da er regelmäßig unsere Gottesdienste besuchte, lernten wir ihn kennen.

Als ich nach einem Gottesdienst mitbekommen hatte, wie ein anderer Gottesdienstbesucher David nach seiner Familie fragte, sah ich Tränen in seinen Augen aufsteigen. Ich spürte, dass mehr dahintersteckte. Nach kurzer Rücksprache mit meinem Mann lud ich ihn zu uns nach Hause zum Essen ein. Er sagte sofort zu, und so erfuhren wir seine traurige Geschichte. Da die Zustände im Asylantenheim vor allem für Christen aus Pakistan und anderen Ländern aus dieser Ecke extrem schwierig waren, boten wir ihm an, wann immer es ging bei uns zu schlafen.

Sein Herz war schwer, musste er doch ständig an seine Frau und seine drei kleinen Kinder denken, die in Pakistan bei Verwandten untergekommen waren. Dauernd lebte er in der Angst, dass auch ihnen etwas zustoßen könnte. Wenn er vormittags noch keine Skype-Verbindung zu seiner Familie aufbauen hatte können, wurde er äußerst unruhig und befürchtete das Schlimmste. Wir beteten viel zusammen und baten Gott um Hilfe in dieser scheinbar ausweglosen Situation. Verschiedene Möglichkeiten, wie wir auch seiner Familie helfen könnten, wurden durchgespielt. Schließlich brachte uns Gott auf eine Idee, die zumindest eine Aussicht auf Erfolg hatte.

David war wieder für ein paar Tage zu uns gekommen. Er

saß im Wohnzimmer und versuchte, mit seiner Familie zu skypen – wie jeden Tag. Ich war rausgegangen, um den Müll zu leeren. Wir haben im Wohnzimmer ein Holzkreuz hängen mit der Aufschrift „Er ist auferstanden". Als ich wieder ins Haus kam, war David auf seinen Knien vor dem Kreuz. Tränen der Freude rannen über sein Gesicht, er schluchzte und dankte Gott. Leise gesellte ich mich zu ihm. Als er mich bemerkte, stand er auf und umarmte mich.

„Meine Frau und meine Kinder, sie können kommen!", jubelte er auf Englisch. Ich konnte es selbst kaum glauben. Gott hatte ein Wunder getan und das Unmögliche möglich gemacht. Noch vieles musste dann vorbereitet und bedacht werden bis zu ihrer Ankunft.

Dann, zwei Tage vor Weihnachten, kamen sie tatsächlich bei uns an. Eine übermüdete, zierliche junge Frau stieg mit ihren ebenso müden Kindern aus dem Auto aus, womit sie das letzte Stück zu uns gekommen waren. Ich werde den Anblick nie vergessen, wie David seine Reena in die Arme nahm und dann seine Kinder herzte. Es war ein Wiedersehen, an das die beiden nicht mehr geglaubt hatten. Mein Mann und ich standen staunend daneben, überwältigt von dem Glück dieser Familie, aber auch überwältigt von der Größe und Liebe Gottes, die dies möglich gemacht hatte.

Es war uns ein großes Anliegen, dieser Familie, die so viel durchgemacht hatte, ein besonders schönes Weihnachtsfest in diesem fremden Land zu bereiten. Sicherlich war es für sie das größte Geschenk, sich wieder zu haben, vor allem nach der langen Zeit der Unsicherheit, in der sie nicht wussten, ob sie sich überhaupt noch einmal sehen würden in diesem Leben.

An Heiligabend gingen wir alle zusammen in den Gottesdienst. Viele der Geschwister hatten Davids Geschichte mitbekommen und Anteil genommen, auch finanziell. Als sie dann im Saal auftauchten, Reena hatte ein festliches traditionelles Gewand an, wurden sie von allen Seiten freudig begrüßt und willkommen geheißen. Die Weihnachtsbotschaft, dass Jesus als kleines Baby auf die Erde kam, um uns Rettung zu bringen, bekam eine ganz neue Bedeutung. Für diese Familie bedeutete sie Rettung aus Todesangst, Rettung vor den Verfolgern, Rettung aus der Dunkelheit hinein ins Licht, in ein neues Leben.

Obwohl Reena erst seit zwei Tagen in Deutschland war, ließen es sich die beiden nicht nehmen, uns nach dem Gottesdienst mit einem köstlichen pakistanischen Gericht zu verwöhnen. Nach dem Essen schickten wir alle Kinder vor die Wohnzimmertür. Drinnen legten wir die Geschenke unter den Baum und mein Mann zündete die Kerzen an. Im Hintergrund spielten leise Weihnachtslieder, und außer dem Licht der Kerzen war es dunkel im Raum.

Die Tür öffnete sich und die gespannte Stille musste lautem Jubel weichen. Sicherlich freuten sich auch meine Kinder, aber das Glück unserer Gastkinder war unbeschreiblich. Die ganze Anspannung der letzten Monate schien von ihnen abzufallen. Auch wenn sie erst sieben, sechs und zwei Jahre alt waren, hatten sie den Druck und die Ungewissheit ihrer Eltern durchaus mitbekommen. Nachdem sie sich wieder etwas beruhigt hatten, standen sie staunend vor dem leuchtenden Baum. Aber nicht nur sie bewunderten das Licht, auch wir Erwachsenen waren von Ehrfurcht erfüllt ob diesem besonderen Moment.

Doch auch die schönsten Augenblicke können nicht ewig andauern und so wechselten wir irgendwann wieder vom Kerzenlicht zum elektrischen Licht. Das Wichtigste stand, zumindest aus der Sicht der Kinder, jedoch noch bevor: die Bescherung. Feierlich setzten wir uns um den großen Tisch im Wohnzimmer. Wie es bei uns schon seit Jahren Tradition war, würfelten wir reihum. Wer eine Sechs würfelte, bekam ein Geschenk überreicht.

Selbstredend war die Freude groß, wenn eines der Kinder sechs Punkte auf seinem Würfel erblickte – ob Deutsch oder Pakistanisch spielte dabei keine Rolle. Helen, die Jüngste, war in der Zwischenzeit auf dem Sofa eingeschlafen. Dafür waren die anderen Kinder umso eifriger bei der Sache. Es gab ein großes Spielzeugauto für Adam und eine Barbie für Salima. Die Eltern bekamen warme Decken für das kalte Deutschland.

Unsere Kinder konnten sich zwar nicht unterhalten, aber sie konnten zusammen spielen. Während sie sich also auf den Boden verzogen hatten, um die neuen Spielzeuge auszuprobieren, unterhielten wir Erwachsene uns über die wunderbaren Ereignisse der letzten Tage und Wochen. Wie sehr hatte Gott in das Leben unserer pakistanischen Freunde eingegriffen! Wie sehr hatte er die Dunkelheit und Auswegslosigkeit, in der sie sich noch vor wenigen Wochen befunden hatten, in ein strahlendes, herrliches Licht verwandelt! Sie waren der lebende Beweis dafür, dass Gott an unserem Leben Anteil nimmt und nie zu spät kommt, auch wenn es uns in manchen Situationen so erscheint.

Gott hat an diesem denkwürdigen Weihnachtsfest nicht aufgehört, Wunder im Leben dieser pakistanischen Familie zu wirken. Das Fest war erst der Anfang ihres neuen Lebens in einem fremden Land, das mehr und mehr zu ihrer Heimat wird.

Beate Baur lebt mit ihrem Mann und den beiden jüngeren ihrer vier Kinder im schönen Nordschwarzwald. Sie liebt es, Gäste zu beherbergen, zu schreiben und Zeit mit ihrer Familie zu verbringen.

Heiliger Moment an der Krippe

SIGRID OFFERMANN

◆————————◆

Wer Kinder im Teenageralter hat, weiß, dass die Begeisterung, mit den Eltern gemeinsam Weihnachtslieder zu singen, überschaubar ist. Bei unseren beiden Kindern tendiert sie mittlerweile gegen null, obwohl unsere Tochter sonst den ganzen Tag Lieder aus den Charts trällert. Am Nicht-Singen-Wollen oder -Können liegt es also nicht. Ich wiederum habe ein ausgesprochenes Faible für Weihnachtslieder und singe sie sowohl im Gottesdienst als auch zu Hause sehr gern – wenn es sein muss, auch ganz für mich allein.

An Heiligabend im vergangenen Jahr waren unsere Kinder fast gar nicht zum gemeinsamen Singen zu bewegen. Sehr mühsam brachten wir zwei Lieder hinter uns, und ich entschied mich spontan, dieser altersbedingten Ausfallerscheinung nicht allzu viel Gewicht beizumessen und sie vor allem nicht persönlich zu nehmen. Ich nahm mir vor, das versäumte Weihnachtslieder-Medley vor dem Christbaum einfach zu einem späteren Zeitpunkt nachzuholen. Diesen Vorsatz habe ich dann leider jedoch selbst wieder vergessen. Gott allerdings nicht.

Bei einem Besuch im Nordschwarzwald besichtigten wir das kleine Städtchen Hirsau bei Calw – vor allem bekannt durch das gleichnamige, ehemals größte Kloster Deutschlands. Württembergs Herzöge ließen im 16. Jahrhundert noch ein prächtiges Renaissanceschloss auf dem Klostergelände errichten. Heute sind aufgrund eines Brands nur noch Ruinen übrig. Doch auch diese sind durchaus eindrucksvoll. Daneben fällt die vergleichsweise kleine St. Aurelius-Kirche, die einige Hundert Meter entfernt steht, fast gar nicht auf. Turm- und schmucklos gleicht sie mit ihren kleinen Fenstern vielmehr einer alten Scheune als einer Kirche. Kaum ein Mensch würde wohl ahnen, welche Schönheit sich hinter den dicken, alten Mauern verbirgt: eine dreischiffige romanische Hallenbasilika aus dem 11. Jahrhundert.

Als wir die Kirche betraten, mussten unsere Augen sich erst langsam an das spärliche Licht gewöhnen, das von außen durch die kleinen Fenster fiel. Ich ging andächtig durch das Langhaus mit seinen wuchtigen Bögen und schaute mich um. Mein Blick wurde nach vorne gezogen, denn dort stand ein beleuchteter Christbaum, mit hübschen Strohsternen geschmückt, und unter ihm war eine liebevoll hergerichtete Krippenszene aufgebaut. Ein kleines Stallgebäude, das aus Korken gebastelt war, stand auf etwas Stroh. Darin waren die bekannten Figuren der Weihnachtsgeschichte: Maria, Josef, ein Ochse, einige Hirten und Schafe, und in der Mitte eine kleine Krippe mit dem Jesuskind.

Während ich die Details betrachtete, fiel auf einmal Sonnenlicht durch das gegenüberliegende Fensterloch genau auf die Krippenszene. Rundherum war alles in schummrige Dunkelheit gehüllt, nur der „Stall von Bethlehem" leuchtete – vom Sonnenlicht wie von einem gezielten Spot bestrahlt.

Diese himmlische Inszenierung war so außergewöhnlich, dass ein Lied in mir aufstieg. Ich begann „Ich steh an deiner Krippe hier" von Paul Gerhardt zu singen, und der Rest der Familie samt unserer Tochter stimmte mit ein. Die Akustik in dem alten Gemäuer war fantastisch. Lange schwebten die Töne der einzelnen Strophen durch das uralte Kirchenschiff. Ein heiliger Moment. Ich musste daran denken, wie viele Menschen Jesus wohl über die Jahrhunderte hinweg in diesen Mauern schon angebetet haben mögen – mit eigenen Worten oder mit denen, die wir uns an diesem Nachmittag an der sonnenbeleuchteten Krippe zu eigen gemacht haben:

> „Ich sehe dich mit Freuden an
> und kann mich nicht sattsehen;
> und weil ich nun nichts weiter kann,
> bleib ich anbetend stehen.
> O dass mein Sinn ein Abgrund wär
> und meine Seel ein weites Meer,
> dass ich dich möchte fassen!"

Sigrid Offermann war über die Hälfte ihres Lebens als Hörfunk-Redakteurin tätig, bevor sie sich hauptberuflich dem Bücher-machen zuwandte. Heute arbeitet die Mutter von zwei Kindern als Lektorin bei Gerth Medien und ist eine der drei Hosts im Gerth-Podcast „Der Flügelverleih".

Der halb geschmückte Baum

ESTHER MIDDELER

●————————●

Etwas traurig legte meine Freundin die letzte Weihnachtskugel weg, die sie gerade vom Baum abgenommen hatte. Bis Heiligabend war es noch etwas hin, aber nach der dritten Kugel, die ihr dreijähriger Sohn als Fußball benutzt hatte, hielt sie es für das Beste, den Baum zumindest zur Hälfte wieder abzuschmücken.

Sie trat einen Schritt zurück und betrachtete ihn nachdenklich. Die Lichterkette hatte sie nicht von den unteren Ästen entfernt. *Wenn ich sie anmache und das Wohnzimmerlicht aus …?* Tatsächlich: Im Dunkeln fiel es kaum auf, dass unten am Baum die Kugeln fehlten. Ihr Herz machte einen kleinen Hüpfer. Dann hörte sie die Kinder im Flur und knipste das Licht schnell wieder an. Sie seufzte.

In ein paar Jahren vielleicht, wenn Emil in die Schule und Elise in den Kindergarten geht, versuchte sie sich Mut zu machen.

Da der Baum mitten im Wohnzimmer stand, ihrem Lebensmittelpunkt und dem Spielort der Kinder, gewöhnte sie sich

56

in den folgenden Tagen an den ungewöhnlichen Anblick des halb geschmückten Weihnachtsbaums und schon bald störte es sie gar nicht mehr. Im Gegenteil. Langsam fand sie Gefallen an dem Baum, wie er war – an seinem Duft, dem Leuchten der Kerzen und der festlichen Atmosphäre, die er verbreitete.

An einem Abend schickte sie mir eine Sprachnachricht und erzählte mir lachend von ihrem ungewöhnlichen Baum. Dann fügte sie hinzu: „Und weißt du was? Der Baum erinnert mich daran, dass wir Frauen auch einfach sein dürfen, wie wir sind. Wie dieser Baum sind auch wir ohne Schmuck oder Make-up wunderschön und gut so."

Egal, wie wir uns in dieser Weihnachtszeit fühlen – ob hübsch und lebensfroh, ob traurig und müde, ob innerlich aufgeräumt oder verwirrt –, wir dürfen uns annehmen, wie wir sind. Und einfach sein.

Esther Middeler lebt als freie Lektorin und Übersetzerin mit ihrer Familie zwischen Münster und Osnabrück. Sie liebt es, Menschen dabei zu helfen, ihre Geschichte zu erzählen.

„Mein" Weihnachtslied

LINDA FLAMENT

◆————————————◆

„O Holy Night" war schon immer mein Lieblingsweihnachtslied gewesen. Schon in Kanada, wo ich als junges Mädchen lebte und fast nur die englischsprachigen „Christmas-Carols" zu hören bekam, fiel mir dieses Lied irgendwie auf. Damals war es die Version von Andy Williams, der wunderschön sang und mit klarer und kräftiger Stimme die Botschaft des Liedes weitergab. Besonders die Stelle „Fall on your knees! O hear the angel voices!" weckte meine Aufmerksamkeit. Ich horchte, beinahe wie bei einer offiziellen Verkündigung, unwillkürlich auf und hörte dem Lied intensiver zu. Welch eine Reise in diesem Moment für mich begann!

Es gibt mittlerweile so viele schöne Versionen dieses Liedes und jede scheint eine Besonderheit von ihm hervorheben zu wollen.

Matthew Ward singt mit „Second Chapter of Acts" sehr hingebungsvoll über diese heilige Nacht und nimmt einen in einen Augenblick der ewigen Anbetung Christi mit hinein.

Dann gibt es die Chorversion im Filmklassiker „Kevin – allein zu Haus". Ja, der Film, der einen sonst so zum Lachen bringt, aber hier wie kaum ein anderer Film die Weihnachtsbotschaft der Liebe und Versöhnung wunderbar herüberbringt. Irgendwann fiel mir auf, dass hier der zweite, oft übersprungene Vers, mit einbezogen wurde:

„The King of Kings lay thus in lowly manger; In all our trials born to be our friend." (zu Deutsch: Der König der Könige lag in einer erbärmlichen Krippe und wurde geboren, um uns in allen Versuchungen ein Freund zu sein!)

Hier wird die Wahrheit unterstrichen, dass Gott wirklich unser Freund sein will, uns nahekommen will mitten in unseren Nöten.

Und dann kam dieser unvergessliche Heiligabend um die Jahrtausendwende herum, den mein Mann und ich nicht in unserer Wahlheimat Dänemark, sondern in Deutschland bei meiner Schwester und ihrer Familie verbrachten, wie schon öfter. Es war sogar nicht einmal das erste Mal, dass meine Schwester und ich im Gottesdienst „O Holy Night" als Duett vortrugen, sie mit der Altstimme am Klavier, ich sang den Sopran.

Die erste Strophe lief „normal" ab, wenn man das so sagen kann, bei einem so starken Text, der das lange, schwere, sündenbeladene Leiden der Welt so poetisch beschreibt – aber auch den Hoffnungsschimmer, den die Geburt Jesu der Menschheit schenkte.

Dann geschah es: Meine Schwester und ich sangen den Part „Fall on your knees! O hear the angel voices!" Plötzlich stand die Zeit still, zumindest für mich. Merkte niemand außer mir, dass wir Besuch bekommen hatten? Es ist schwer, mit Worten zu beschreiben, was ich hörte. Der Klang unserer zwei Stimmen wurde um ein Vielfaches verstärkt. Er wurde verstärkt, jedoch nicht wie bei einem Lautsprecher, den man im Fachhandel kaufen kann. Der Klang wurde nicht unbedingt lauter, sondern tiefer an Intensität, vervielfacht an Harmonien und womöglich auch an Tönen. Wenn Töne Farben wären, so schillerten diese in allen möglichen Farbnuancen, sogar in denen, die noch kein Mensch gesehen hat oder sich hätte ausdenken können.

Konnte denn niemand außer mir hören, dass Engel mitsangen? Ich war überwältigt und wollte mich am liebsten hinknien und Jesus in der Atmosphäre der Heiligen Nacht weiter anbeten. Aber nein, es schien niemand anderes gehört zu haben. Der Gottesdienst nahm seinen weiteren Lauf und ich zwang mich, mich wieder hinzusetzen, immer noch voller Ehrfurcht und Anbetung.

Dieser Weihnachtsgottesdienst war etwas ganz Besonderes für mich und ich denke noch Jahre später gern an ihn. Ich bin Gott dankbar für dieses kurze Reinhören in die Anbetung des Himmels und dass ich daran teilhaben durfte. Ja, wir alle sind eingeladen, daran teilzuhaben. Es verändert das Leben. Es verändert uns.

O Holy Night

O holy night! The stars are brightly shining,
It is the night of our dear Saviour's birth.
Long lay the world in sin and error pining,
'Til He appeared and the soul felt its worth.
A thrill of hope the weary world rejoices,
For yonder breaks a new and glorious morn.
Fall on your knees! O hear the angel voices!
O night divine, O night when Christ was born;
O night divine, O night, O night divine.

Led by the light of faith serenely beaming,
With glowing hearts by His cradle we stand.
So led by light of a star sweetly gleaming,
Here come the wise men from orient land.
The King of Kings lay thus in lowly manger;
In all our trials born to be our friend.
He knows our need, to our weakness is no stranger,
Behold your king! Before Him lowly bend!
Behold your king, Before Him lowly bend!

Truly He taught us to love one another;
His law is love and His gospel is peace.
Chains shall He break for the slave is our brother;
And in His name all oppression shall cease.
Sweet hymns of joy in grateful chorus raise we,

Let all within us praise His holy name.
Christ is the Lord! O praise His name forever,
His power and glory evermore proclaim.
His power and glory evermore proclaim.

Französisches Original 1847 von Adolphe Adam, englische Version von John Sullivan Dwight

Linda Flament lebt mit ihrem französischen Mann und ihren zwei Teenagern in Dänemark, wo sie täglich mit vier Sprachen jongliert: Deutsch, Dänisch, Englisch und Französisch. Sie hat viele Jahre als Lehrerin und Psychotherapeutin gearbeitet. Ihr liegt die Begegnung mit ihrem Gegenüber am Herzen, sei es schriftlich oder mündlich – im Gespräch oder im Vortrag –, denn alles wahre Leben ist Begegnung.

Der das wahre Licht ist, kam in die Welt,
um für alle Menschen das Licht zu bringen.

Johannes 1,9

KAPITEL 2

Weihnachten — Licht in der Dunkelheit

Gebetserhörung

VIVIAN ROESE

◆————————◆

Im April 2012 wurde ich kurz nach dem zweiten Geburtstag unserer Tochter zum zweiten Mal schwanger. Für mich war das ein wunderbarer Moment. Denn schon bevor ich den positiven Schwangerschaftstest in den Händen hielt, konnte ich an einzelnen Zeichen erkennen, dass eine Veränderung in mir stattfand.

Bei meiner ersten Schwangerschaft zwei Jahre zuvor hatte ich alle Signale meines Körpers übersehen und war schon fast in der 7. Woche, als ich merkte, dass ich schwanger war. Dies sollte mir nicht noch ein zweites Mal passieren. Deshalb war ich auch so glücklich, als ich bei der zweiten Schwangerschaft die Anzeichen besser zu deuten wusste. Doch unsere Freude über den Neuankömmling wurde jäh getrübt, als mein Schwiegervater wenige Tage nach dem positiven Schwangerschaftstest bei einem Verkehrsunfall starb.

Auch wenn wir uns nicht oft sahen und uns deshalb nicht sehr nahestanden, fühlte ich mich dennoch von ihm geliebt und angenommen. Sein Tod hinterließ ein hohles Gefühl der Leere. Ein Gefühl, etwas verloren zu haben, was ich nie wirklich besessen hatte. In dieses Gefühl mischte sich die Gewissheit, all die verlorene Zeit mit ihm nicht mehr nachholen zu können. Ich würde keine Gelegenheit mehr haben, ihm all die Dinge, die mir noch auf dem Herzen lagen, zu sagen oder ihm meine offenen Fragen zu stellen.

In dieses Gefühl der Trauer und Ohnmacht trat nun plötzlich die Angst, auch mein ungeborenes Kind verlieren zu können. Mit dieser Angst hatte ich bereits in meiner ersten Schwangerschaft zu kämpfen gehabt und nun schlich sie sich wieder in mein Leben. Etwas, das ich glaubte, hinter mir gelassen und besiegt zu haben, stand plötzlich wieder lebensgroß vor mir und wurde zu meinem ständigen Begleiter.

Unserer Familie und unserem engsten Freundeskreis erzählten wir von der Schwangerschaft. Bei allen anderen warteten wir, bis ich meinen Bauch nicht mehr durch weite Kleidung verstecken konnte, was allerdings recht bald der Fall war. Meine Ängste hielten sich bis in den September hinein. Doch dann sprach Gott in mein verängstigtes Herz, erinnerte mich an eine Verheißung, die er mir gemacht hatte, und versicherte mir, dass nichts meinem Kind schaden würde – weder in der Schwangerschaft noch nach seiner Geburt.

Mit dieser Verheißung konnte ich endlich unbeschwert in das letzte Trimester meiner Schwangerschaft starten und sie genießen. Doch nach ungefähr sechs Wochen zeigten sich bei mir, ähnlich wie bei meiner ersten Schwangerschaft, erste

Vorwehen. Mein Arzt und gleichzeitig Familienfreund wies mich zur Sicherheit ins Krankenhaus ein und verordnete mir nach meiner Entlassung strikte Bettruhe. Die Angst war wieder da.

Während der errechnete Geburtstermin an Heiligabend bei den meisten für wenig Begeisterung sorgte, fieberte ich diesem Termin nun Tag für Tag entgegen. Jeder Tag, den unser Sohn in meinem Leib bleiben würde, wäre wertvoll. Unsere Familie und Freunde waren uns in dieser Zeit eine wichtige Unterstützung. Da ich auch meinen Haushalt nicht mehr führen durfte, bekam ich eine Haushaltshilfe. Auch meine Hebamme, die mich durch die Schwangerschaft begleitete und später bei der Geburt dabei sein würde, war mir eine große Hilfe.

Trotz dieser Unterstützung war die Situation zu Hause doch auch sehr belastend. Ich schaute damals viele christliche Sendungen im Internet und wurde dadurch ermutigt. Außerdem wusste ich, dass unsere Gemeinde für uns betete. So kämpften wir uns Tag für Tag durch, bis mein Arzt mir sieben Tage vor dem errechneten Geburtstermin sein Einverständnis gab, wieder aufstehen zu dürfen. Ich war überglücklich und freute mich darauf, die letzten Dinge für das neue Kinderzimmer einzurichten. Gleichzeitig wurde ich aber auch ungeduldig und unruhig. Wann würde unser Sohn nun auf die Welt kommen? Bereits zu Nikolaus hatte es einen Fehlalarm gegeben. Würde er tatsächlich Heiligabend geboren werden? Sollte es Silvester sein? Oder doch eher am Feiertag der Heiligen drei Könige im Januar? Ich konnte es nicht mehr abwarten.

Zwei Tage vor Heiligabend kam ich dann mit regelmäßigen Wehen auf die Entbindungsstation, wo mich meine Hebamme liebevoll in Empfang nahm. Schon kurz nach meiner ersten Untersuchung teilte sie mir mit, dass die Herztöne meines Kindes nicht in Ordnung seien, sie dies aber noch beobachten würde. Es dauerte jedoch nicht lange, bis sie mir mitteilte, dass ein Kaiserschnitt unumgänglich sein würde. Das war für mich eine schreckliche Nachricht. Schon bei der ersten Schwangerschaft gab es Komplikationen, die zu einem Notkaiserschnitt geführt hatten.

Es musste alles sehr schnell gehen und ich sollte für die Operation vorbereitet werden. Mein Kopf war leer. In dieser Situation bestimmte die behandelnde Ärztin, dass vorher noch ein Wehenmittel verabreicht werden sollte. Ich klagte stumm: „Gott, was soll das jetzt? Habe ich dir nicht genug vertraut?" All die Dinge, die ich im Vertrauen auf ihn getan hatte, schossen mir durch den Kopf. „Hat all dies einen Kaiserschnitt nicht verhindern können? Ich bitte dich darum zu tun, was du mir versprochen hast, nicht mehr und nicht weniger!" Ich versuchte mich gegen den Wehentropf zu wehren, doch es war zwecklos.

Meine Abneigung gegen diese Therapiemethode lag darin begründet, dass ich während der ersten Geburt sehr schlechte Erfahrungen mit dem Mittel gemacht hatte. Meine Hebamme beruhigte mich allerdings und begleitete mich auch sanft durch diese Phase der Geburt. Zu unser aller Überraschung teilte sie mir nach kurzer Zeit mit, dass ein Kaiserschnitt nicht mehr notwendig sein würde. Ich würde mein Kind selbst auf die

Welt bringen können. Ich konnte diese Wendung kaum fassen! Einen kurzen Moment später schnitt mein Mann unserem Sohn die Nabelschnur durch und ich hielt unser Kind im Arm. Ich war überwältigt. Gefühle der Sorge und der Enttäuschung lösten sich auf und wurden von Glück, Freude und Zufriedenheit verdrängt.

Wir hatten einen Sohn. Er war gesund. Ich konnte seine Geburt bewusst miterleben. Ihn auf natürlichem Weg zur Welt bringen. Ich war Gott unendlich dankbar. Neben unserer Familie und unseren Freunden freute sich eine Person ganz besonders: die Uroma unseres Sohnes. Wir hatten ihr an ihrem 89. Geburtstag, am 23. Dezember, ein ganz besonderes Geschenk gemacht. Neben einer Urenkelin hatte sie nun auch einen Urenkel, mit dem sie die nächsten sieben Jahre gemeinsam ihren Geburtstag feiern sollte.

Durch dieses Erlebnis hat Weihnachten für mich eine ganz neue Bedeutung bekommen, da wir nun nicht mehr nur die Geburt Jesu feiern, sondern auch die Geburt unseres eigenen Sohnes. Wir haben einen weiteren Feiertag geschenkt bekommen! Ich freue mich daher sehr darüber, mich jedes Jahr von Neuem daran erinnern zu dürfen, dass Gott Wunder tut und seine Zusagen hält.

Vivian Roese ist verheiratet, Mutter von zwei Kindern und arbeitet freiberuflich als Übersetzerin und Dozentin. Außerdem ist sie als Lydia-Botschafterin tätig.

Licht und Dunkelheit

SABINE BARKHOFF

◆——————————◆

Ich möchte von einer traurigen, aber auch segensreichen Geschichte erzählen, die nun schon 30 Jahre zurückliegt. Das
besondere Licht zeigte sich im tiefen Glauben einer Frau,
die am 2. Weihnachtstag gerade ihren 18 Jahre alten Sohn
verloren hatte. Diese Frau war die Mutter meines Klassenkameraden.

Er hatte einen tragischen Autounfall. Bei einem fehlerhaf-
ten Überholmanöver fuhr ein entgegenkommendes Fahrzeug
frontal in sein Auto hinein. Sie kämpften einige Wochen um
sein Leben, aber genau am 2. Weihnachtstag erlag er seinen
Verletzungen durch eine Embolie.

Zeitgleich lag mein Bruder ebenfalls auf der Intensivstation
im selben Krankenhauses und kämpfte um sein Leben.

Die Ärzte hatten ihn aufgegeben und gesagt, dass er die
schweren Thrombosen und Embolien nicht mehr überleben
könnte. Es sah schlecht aus und laut den Ärzten war seine Lage
aussichtslos.

71

Viele Wochen hatte er dort bereits gelegen, und ich weiß noch, wie wir alle, verweint und bedrückt, am 2. Weihnachtstag um den Tisch im Esszimmer versammelt waren und das Telefon klingelte. Wir erschraken, da wir nie wussten, ob eine schlechte Nachricht einging. Es war die Mutter meines Klassenkameraden, die Bescheid gab, dass ihr Sohn soeben verstorben sei und dass sie für meinen Bruder beten würde, dass er nicht auch stirbt.

Entgegen der schlechten Prognosen der Ärzte ist mein Bruder tatsächlich nicht gestorben. Sie konnten sich die Besserung nicht erklären, denn eigentlich hätte er das so nicht mehr überleben können.

Wir hatten alle viel für meinen Bruder gebetet, aber ich denke, dass dieses Gebet einer Mutter, die gerade selbst ihren Sohn verloren hatte und meine Mutter anrief, die zeitgleich um ihren Sohn bangte, Gott besonders berührte und ins Herz sprach.

Ich habe dieses Erlebnis als besonderes Licht im Herzen behalten, als glaubensvolles Licht einer gläubigen Frau, das Licht in die Dunkelheit brachte. Wir haben für sie und ihre Familie ebenfalls viel gebetet, mit der Bitte, dass sie sich in der großen Trauer getragen fühlten. Sie war im Besuchsdienst der Kirche und hat meine Eltern deshalb zu ihren höheren Geburtstagen besucht. So schloss sich zum Lebensende meiner Eltern der Kreis, indem diese Frau letzte Erinnerungen mit ihnen teilte und mir als Tochter mit berührenden Worten in der Trauerkarte und persönlich gesprochenen Worten sehr trostvoll begegnete.

Mit der Weihnachtszeit verbinden die meisten Menschen das Licht einer heilen Welt. Aber Jesus ist in all seiner Zerbrochenheit Licht geblieben. Er kennt und versteht die dunkle, schmerzhafte Seite, die durch den Widersacher in die Welt gekommen ist und sich im Leid vieler Menschen widerspiegelt. Er kennt den Schmerz der Frau, die gerade ihren Sohn verloren hat. Denn er hatte denselben, weil es auch Gott das Herz brach, seinen Sohn leiden zu sehen. Gott selbst ist der liebende Tröster, der mitleidet und mitfühlt.

Dass Jesus, als er schon am Kreuz hing, seinem geliebten Jünger seine geliebte Mutter anvertraute, berührt mich zutiefst, denn es zeigt, dass er im eigenen Leid noch an die dachte, die zurückblieben.

Dass diese Frau an jenem Weihnachtsfest ein besonderes Licht anzündete und damit in Jesu Fußstapfen lief, empfand ich als besonderen Lichtblick im Glanz von Weihnachten ...

Und was ist es erst für ein Lichtblick, wenn wir in tiefster Trauer wissen dürfen: Der Tod hat nicht das letzte Wort! Nur deshalb kann Paulus in Philipper 1,21 voller Überzeugung sagen: „Christus ist mein Leben, Sterben mein Gewinn ..."

In Christus gestorben zu sein, bedeutet ewiges Leben zu haben. Unsere Verstorbenen wissen wir in Gottes liebenden Händen. Das wusste auch die gläubige Frau, die uns damals so viel Trost spendete.

Vielleicht kann diese Gewissheit auch in der jetzigen Zeit Trost spenden, in der eine weltweite Pandemie, Kriegsausbrüche und Naturkatastrophen schwer auf uns lasten und wir schmerzhafte Verluste und Todesfälle ertragen müssen. Gerade in dieser Zeit wünsche ich uns ein besonderes Weihnachten, an dem Gottes Licht durch seinen Sohn Jesus Christus ganz besonders hell strahlt.

Sabine Barkhoff liest seit Jahrzehnten die Herrnhuter Losungen mit den dazugehörigen Bibeltexten, liebt Gottesdienste und Predigttexte und hat nicht einen Tag erlebt, an dem Gott nicht durch die Aktualität seines Wortes in ihre persönliche Lebenssituation oder ins Weltgeschehen hineingesprochen hat. Jesus Christus ist durch seine tief erfahrene Liebe ihr Leben – in Freud und Leid.

Die Weihnachtsbeleuchtung

YVONNE VÖLKER

✦————————✦

Ich bin gerade im Flur meiner Wohnung, als plötzlich das Licht über mir ausgeht. Einfach so, ohne erkennbaren Grund. Schnell vergewissere ich mich: Auch in den anderen Zimmern ist es dunkel. Ich ahne, dass überall im Haus der Strom weg ist, nach früheren Erfahrungen vielleicht sogar im ganzen Dorf. Schnell hole ich eine LED-Lichterkette, da höre ich auch schon Stimmen im Treppenhaus. Die Mitbewohner aus den anderen Etagen haben sich dort eingefunden, sie sind, wie vermutet, ebenfalls ohne Strom.

Es ist ein diesiger, trüber Dezembernachmittag – das macht es im Haus sehr dunkel, besonders im Treppenhaus. Da kommt mir die Idee, die LED-Weihnachtsbeleuchtung im Hausflur einzuschalten: die Lichterkette an der Wand neben meiner Haustür und den leuchtenden Weihnachtsstern unterhalb der Treppe.

Daraufhin mache ich einen Gang ins Dorf, um kurz etwas zu erledigen. Der ganze Ort ist dunkel, überall ist Stromausfall.

Als ich zurück im Haus bin und die Treppe im nun gänzlich finster gewordenen Hausflur nach oben gehe, erwartet mich auf der nächsten Etage der beleuchtete Weihnachtsstern. Wie wunderbar: Da ist ein Licht! Es kommt mir wie eine Rettung vor, dieses Weihnachtslicht im Dunkel. Aus der hübschen, aber nicht wirklich nötigen Dekoration ist etwas Notwendiges geworden.

Und mit einem Mal denke ich an die Heilige Nacht und die Worte der Bibel, die ich schon so oft gehört habe: dass Jesus als Licht in die Welt gekommen und mitten in die Dunkelheit der Nacht hineingeboren wurde.

Angesichts der Dunkelheit in unserem Haus verstehe ich diese Wahrheit nun viel tiefer als bisher. Hier auf der Treppe kann ich die Geschichte der ersten Weihnacht plötzlich nachempfinden, und mir geht durch den Kopf: *Wie nötig war doch Jesu heilbringendes Licht! Und wie hell mag die damalige Nacht durch den Stern und die Engel erleuchtet worden sein? Wie sehr brauchten wir selbst sein helles Licht, das uns erschienen ist im Dunkeln!*

Einige Zeit später höre ich das Piepen meines Anrufbeantworters. Es signalisiert mir, dass der Strom wieder da ist. Ich freue mich über die Lampe, die ich gleich einschalten kann, mehr aber noch über den Impuls, den ich in der Dunkelheit bekommen habe.

„Ich bin als Licht gekommen, um in dieser dunklen Welt zu leuchten, damit alle, die an mich glauben, nicht im Dunkeln bleiben" (Johannes 12,46; NL).

Yvonne Völker verbringt gern Zeit mit ihrem Enkel und dem Schmökern in christlichen Zeitschriften, Büchern und der Bibel. Sie schreibt gern große und kleine Alltagswundergeschichten mit Gott auf und gestaltet Gebetszeiten ihrer Moms-in-Prayer-Frauengruppe mit.

Ein Zedernholzherz zu Weihnachten

KATHARINA SBRESNY

Was kann man tun, wenn in einer Zeit, in der das Licht eine besondere Bedeutung hat, einen die Dunkelheit zu verschlingen droht?

Das Weihnachtsfest 2018 war das erste ohne meine Tochter, die ich im Sommer zuvor kurz vor dem errechneten Termin tot auf die Welt bringen musste. Sie war ein absolutes Wunschkind und ein Wunder obendrein. Denn laut der Ärzte hätte ich eigentlich nie schwanger werden können. *Gott hat andere Pläne*, so dachten wir, doch wir ahnten nicht, was noch auf uns zukommen würde.

Als wir fünf Tage vor dem Geburtstermin für einen Kontrolltermin beim Frauenarzt waren, konnte dieser nur noch ihren fehlenden Herzschlag feststellen. In diesem Moment zerbrach alles in mir: mein Herz, mein Glaube, einfach alles. Dieser Moment machte uns zu Sterneneltern. Jenen Eltern, die ein Kind kurz vor, während oder nach der Geburt wieder ziehen lassen müssen.

Und jetzt stand uns das erste Weihnachtsfest ohne unsere Tochter bevor. Es sollte unser erstes Fest als kleine Familie sein, unter einem schön geschmückten Weihnachtsbaum mit einem Baby im Arm, das staunend die Lichter bewunderte. Doch es war anders gekommen und die Vorfreude wandelte sich in unerträgliche Stille.

Wie begeht man ein Weihnachtsfest, bei dem die Trauer so allumfassend ist?

Als Christin war Weihnachten für mich immer ein Fest der Hoffnung gewesen. Weihnachten verweist auf das, was noch kommen wird: ein Leben mit der Perspektive auf die Ewigkeit. Dank der Geburt Jesu dürfen wir uns auf die Ewigkeit in Gottes Gegenwart freuen.

Aber mit dem Tod unserer Tochter schlich sich Hoffnungslosigkeit in unser Herz, und ich hatte große Angst vor Familienfesten wie Weihnachten. Ich erinnere mich noch gut daran, dass uns ein anderer Sternenpapa geraten hatte, uns auf solche Momente vorzubereiten.

Unsere Chance lag in dieser Vorbereitung. Wir wussten, dass diese Tage wie Weihnachten, ihr Geburtstag, ihr Todestag etc. kommen würden. Aber so konnten wir der Trauer gewappnet entgegentreten. Seinem Rat schloss sich ein weiterer an: Wir sollten uns eine Tradition zu ihrem Gedenken überlegen, die auch den anderen Familienmitgliedern die Möglichkeit gab, an unserer Trauerarbeit teilzunehmen.

Und tatsächlich fanden wir schnell etwas, das sich dazu eignete, denn eine gute Freundin hatte uns zur Geburt unserer Tochter ein Herz aus Zedernholz mit ihrem eingravierten Namen geschenkt. Immer, wenn mich die Trauer zu verschlingen drohte, roch ich an diesem Holzherz. Ich merkte, wie dieser Wohlgeruch meine aufgescheuchte Seele beruhigte.

Wir ließen für alle Familienmitglieder ein solches Herz anfertigen, damit diese es an den jeweiligen Weihnachtsbaum hängen konnten. So war unsere Tochter dennoch ein Teil des Familienfestes und hing in Form eines Herzens am festlich geschmückten Tannenbaum. Es war eine Erinnerung an jene Hoffnung, die Weihnachten für mich seit jeher bedeutete. Und langsam schlich sich noch ein weiteres zartes Gefühl ein: Vorfreude. Denn ich freue mich auf jenen Tag, an dem ich meine Tochter in der Ewigkeit umarmen werde. Es wird die Zeit kommen, in der wir als Familie komplett sein werden.

Nach vier Jahren kann ich heute sagen, dass ich durch ihren Verlust auf gewisse Weise beschenkt wurde. Ich habe die wahre Bedeutung von Weihnachten in mein Herz gelegt bekommen: Jesu Geburtstag macht es uns überhaupt erst möglich, an diese Hoffnung auf ein Wiedersehen glauben zu dürfen. Und dies ist mein inneres Licht, das durch die Dunkelheit hindurch scheint.

Katharina Sbresny lebt mit ihrem Mann und ihrem Sohn in Bremen. Ihre Leidenschaft für Geschichten und das geschriebene Wort teilt sie mit ihrer Instagram-Community (@_feel.write. cope_). Derzeit arbeitet sie an ihrem autobiografischen Ratgeber.

Kerzen zum Trotz gegen die Dunkelheit

MIRJAM NEUMANN

⸺ ◆ ⸺

Am 12. 12. 12, mitten in der Adventszeit, ist mein Mann und der Vater unserer vier Kinder, damals 4, 7, 10 und 11 Jahre alt, verstorben. Im April des Vorjahres wurde ein bösartiger Tumor an der Wirbelsäule entdeckt, dessen Folgen er schließlich erlag. Eine Welt brach für uns zusammen. Doch wir erlebten unendlich viel wohltuende Anteilnahme, oftmals verbunden mit den Worten: „Es tut uns so leid für euch – noch dazu ausgerechnet jetzt, so kurz vor Weihnachten!"

Natürlich hatten wir uns Weihnachten völlig anders vorgestellt und unsere Herzen waren voller Schmerz. Aber gerade diese besondere Zeit des Jahres, die Zeit der Kerzen und der schönen alten Lieder, hat unsere traurigen Herzen berührt und getröstet. Eine liebe Freundin hatte uns genau einen Tag vor dem Tod meines Mannes eine wunderschöne, mit sehr viel Liebe selbst gestaltete Kerze geschenkt. Diese Kerze zündete ich im Sterbezimmer meines Mannes an, wo sie durchgehend brannte, bis mein Mann nach seinem Tod vom Beerdigungsinstitut abgeholt wurde. So hatten wir als Familie Zeit, uns in Ruhe von ihm zu verabschieden, und auch die Kinder sind immer wieder zu ihm ins Zimmer gegangen, wo die Kerze brannte und Wärme, Trost und Leben verbreitete. Bis heute wird diese Kerze immer am 12.12. (dem „Himmelsgeburtstag") sowie am richtigen Geburtstag meines verstorbenen Mannes angezündet.

Diese Kerze und die vielen anderen Kerzen in der Adventszeit habe ich oftmals wie zum Trotz gegen die Dunkelheit und den Schmerz angezündet – mit der Hoffnung und dem Wissen: Ja, es darf wieder hell werden. Das Leid, der Tod und die Dunkelheit behalten nicht das letzte Wort!

Diese Hoffnung wurde besonders durch die Weihnachtslieder gestärkt, die ich mit meinen Kindern gesungen habe. Sie klammern die Dunkelheit, den Tod und das Leid nicht aus. Aber sie schenken echten Trost durch den Hinweis auf Jesus, das Licht der Welt, den Retter, der in unsere Dunkelheit hineingekommen ist und uns durch und durch versteht. Seit jenem Advent im Jahr 2012 zünden wir in der Advents- und Weihnachtszeit sehr bewusst die Kerzen an und singen das (Kinder-)Lied von Detlev Jöcker:

Wer traurig ist, wird wieder froh.
Verzweifelte werden getröstet sein.
Verheißen hat Gott es uns so.

Und alle dürfen sich freuen.
Wir warten und hoffen. Wir hoffen und warten.
Wir wissen ja alle davon:
Gott schickt seinen eigenen Sohn.

Refr.:
Ein Licht, ein Licht, ein Licht leuchtet auf in der Dunkelheit.
Ein Licht, ein Licht, ein Licht leuchtet auf.

Viel stärker als Leid und als Not.
Und in seinem Reich wird stets Friede sein.
Viel stärker als Krieg und als Tod.
Und alle dürfen sich freuen.
Ein König des Friedens, ein König der Freude.
Wir wissen ja alle davon:
Gott schickt seinen eigenen Sohn.

Auch die äußeren Umstände unseres Lebens sind wieder hell geworden:

Am 16.12.16 durfte ich meine zweite Liebe heiraten – ganz bewusst in der Adventszeit. Denn auch mein lieber zweiter Mann hatte in einem Dezember seine erste Frau und Mutter dreier Söhne an Leukämie verloren.

Dunkelheit und Licht sind manchmal so nah beieinander. Aber das Licht leuchtet auf in der Dunkelheit!

*Mirjam Neumann, Jahrgang 1975, absolviert zur Zeit die
Weiterbildung zur Palliativfachkraft, ist leidenschaftlich
gern Mutter und auch schon „Bonus-Oma" der großen
Patchworkfamilie. Außerdem engagiert sie sich im Bereich
Kinder/Jugend in der Baptistengemeinde Esslingen.*

Es werde Licht

LEA-CATHARINA ANDERS

———◆———

Mein Raum war voller Dunkelheit. Mein Körper, der wieder so schwach war, hielt mich seit Wochen in meinem Bett gefangen. Lockdown. Während meine Familie in den Gottesdienst ging und anschließend mit einem Festessen Weihnachten einläutete, lag ich allein in meinem abgedunkelten Zimmer. Selbst die schwach leuchtende Lichterkette, die über meinem Bett hing, war mir fast zu grell für meine Augen.

Seit einem Dreivierteljahr kämpfte ich. Tag für Tag. So einen schwachen Körper zu haben, war ich nicht gewohnt. Ich, die im März diesen Jahres stolz ihr Zeugnis als Sportlehrerin in der Hand gehalten hatte, war nun gefangen in einem Körper, der manchmal nicht mal mehr allein aufstehen konnte. Von der sportlichen Lea war sichtbar nichts mehr übrig geblieben. Im April 2018 hatte ein kleines Virus mein ganzes Leben auf den Kopf gestellt. Mein Körper war krank geworden und erholte sich nicht mehr.

So lag ich da in Dunkelheit, allein in meinem Bett. Mein

Rücken tat mir entlang der Wirbelsäule weh vom wochenlangen Liegen. Und während meine Familie Rotkohl, Klöße und Rindfleisch speiste, versuchte ich mit aller Kraft, den fast schon flüssigen Kartoffelbrei auf meinem Löffel zum Mund zu führen. Mein ganzer Körper fühlte sich so elend an wie bei einer heftigen Grippe. Später kamen ein paar meiner Familienmitglieder zu mir, aber ich hatte keine Kraft für ein Gespräch. Schon die Person mit meinen Augen zu fixieren, kostete zu viel Kraft.

An Weihnachten, wenn das Ende des adventlichen Wartens gefeiert wird, wartete ich weiter. Ich wartete auf Besserung, wartete, bis der Schmerz endlich ein Ende haben würde. Hätte ich in diesem Winter bereits gewusst, dass ich wahrscheinlich mein Leben lang mit dem Warten auf einen gesunden Körper verbringen werde, weiß ich nicht, wie ich das damals hätte verkraften können.

Mit jedem weiteren Monat, der verging, verstand ich Gott weniger. War das sein Plan für mein Leben? War er denn nicht derjenige, der mir versprochen hatte, dass er gute Pläne und Gedanken des Friedens über mich hat? Ich kämpfte und kämpfte, ich kämpfte mit Gott. Und in dem ganzen Schreien und dem Meer von verzweifelten Tränen schien es mir, als ob ich Gott egal wäre.

Nein, so hatte ich mir mein Leben nicht vorgestellt. Alles, was ich wollte, war, aus diesem Gefängnis meines kranken Körpers auszubrechen.

Ich glaube, ich bin nicht die Einzige, die sich ihre Zukunft anders vorgestellt hat.

Wir lesen im Alten Testament von Lea, die von ihrem Mann nicht so geliebt wurde, wie sie es sich ersehnt hatte. Von Hagar, die ungerecht behandelt wurde – so schlimm, dass sie in die Wüste flüchtete. Von Ruth, die ihren ersten Mann verlor und in die Fremde zog. Von Hannah, die über dem Spott und dem Schmerz ihrer Unfruchtbarkeit fast zerbrach. Von Elisabeth, die ebenfalls Jahr für Jahr mit ihrer Unfruchtbarkeit kämpfte. Von Maria, die ganz bestimmt nicht davon geträumt hatte, unverheiratet und hochschwanger auf einem Esel durch die Landschaft zu ziehen und ihr erstes Kind schließlich in einem erbärmlichen Stall zur Welt zu bringen.

Ein Engel war zu ihr gekommen und hatte ihr verkündet, sie würde einen Sohn gebären, der Jesus genannt werden soll. Ein Königskind, dessen Herrschaft kein Ende haben wird. Unberührt würde sie schwanger werden. Und wir lesen von einer Maria, die „Ja" sagt. Ja zu Gott und Ja zu diesem verrückten Plan. Von einer jungen Frau, die sich dem Herrn ganz zur Verfügung stellte und sich der Größe und Herrlichkeit ihres Gottes bewusst war.

Nun saß sie hochschwanger auf einem Esel, um mit Josef in dessen Heimatstadt Bethlehem zu reisen. Allein, ohne Freunde und Verwandte. Nichts davon stand sicher auf der Wunschliste für ihre erste Geburt.

Doch so ging es weiter, Schritt für Schritt Richtung Bethlehem. Mit jedem Schaukler auf dem Esel kam sie der Geburt näher. Ihr Becken begann wehzutun und sie konnte vermutlich nicht unterscheiden, ob die Schmerzen von dem langen

Reiten oder den langsam einsetzenden Wehen kamen. Als sie Bethlehem endlich erreicht hatten, fanden sie wider allen Hoffnungen keine Unterkunft in einer Herberge. Ein Stall würde es werden.

Der Besitzer öffnete Josef und Maria die Stalltür und der Geruch von Mist wehte ihnen entgegen. Ihre Augen suchten in der Behausung der Tiere nach einem Patz, an dem sie notdürftig ihr Lager aufschlagen könnten. Die Wehen wurden stärker. Oh, wie sehr Maria sich jetzt eine Freundin oder Verwandte wünschte, die mit ihr die Geburt durchstehen würde! Die Geburt eines Königs hatte sie sich anders vorgestellt …

Schweiß lief ihr über die Stirn, und sie krallte sich vor Schmerz im Stroh fest. Warten in Schmerzen. Warten auf den König. Nach Stunden des Kämpfens war er dann endlich auf der Welt. Ihr König war geboren. Sie nahm ihn zu sich auf die Brust und wickelte ihn dann in Windeln. Und ich glaube, in all dem Schmerz, in all dem, „Ich habe mir die Geburt anders vorgestellt"-Denken, hatte sie plötzlich nur noch Augen für Jesus. Ihr Fokus lag auf dem Kind Gottes und nicht auf der Dunkelheit und Erbärmlichkeit des Stalls. Ihr Blick lag auf dem Angesicht Gottes.

Und wenn ich in die Bibel schaue, dann begegnen mir darin Frauen, die das Gleiche taten. Elisabeth, die sich nicht von Gott abwendete und schließlich schwanger mit Johannes, dem Täufer, wurde. Hannah, die ihren Schmerz Gott vor die Füße legte, sich ihm anvertraute und schließlich mit einem Kind gesegnet wurde.

Ruth, die gehorsam war und in der Fremde eine neue Heimat fand. Hagar, die in der Wüste von Gott gesehen wurde und sich unter seinen Segen stellte. Und schließlich Lea, die erkannte, dass die Liebe Gottes genug ist und sich dazu entschied, Gott zu preisen.

In ihrem Schmerz hatte sie sich nicht von Gott abgewandt, und so wurde sie zu einer Frau Gottes, deren Frucht königlich war. Sie ist Teil der Königslinie, in der viele Jahre später Jesus geboren wurde.

Weil alle diese Frauen ihren Blick auf Gott gerichtet hielten und ihm treu geblieben waren, konnten sie schließlich „das Land des Friedens" betreten. Man könnte sagen: In ihnen ist Weihnachten geworden.

Ich sehe an ihren Geschichten, wie sehr es sich gelohnt hat, in der Durststrecke weiter auf diesen König zu schauen und ihm treu zu bleiben. Denn in der tiefsten Dunkelheit ging der Stern von Bethlehem auf. Jesus kam auf die Erde, um eine Versöhnungsgeschichte zu schreiben, um *meine* Versöhnungsgeschichte zu schreiben.

Es brauchte für mich Monate des Schreiens und Verzweifelns, aber mit der Zeit gelang es mir, Schritt für Schritt, mich auf nach Bethlehem zu machen. Den König zu suchen. Mich auf die Suche zu machen nach dem, der „das Leben" genannt wird. Nach dem Retter meines Lebens. Auf dem Weg dorthin sah er mich, fand er mich. Und er sprach in meine Dunkelheit: „Es werde Licht!" Und es wurde Licht. Nein, ich wurde nicht gesund, ich leide immer noch an dieser chronischen Krankheit.

Aber ich lernte den liebenden Vater neu kennen. Einen Gott, der in mein Gefühl der Wertlosigkeit sprach: „Ich habe das Blut meines Sohnes für dich vergossen, weil du so kostbar für mich bist." Das ist mein Wert. Niemals könnte ich mir einen solchen Wert erarbeiten. Es war ein Geschenk.

In mir ist Weihnachten geworden. Jesus ist gekommen, Immanuel, der Gott, der mit uns ist, mit mir ist. Ich war nie allein gewesen. Auch damals an Weihnachten nicht. All die Zeit war Gott mit mir. Und er kämpfte für mich. Und tut es noch immer. Er ist immer noch König. Ja, auch in unseren Durststrecken.

Hanna und Elisabeth haben beide mit Unfruchtbarkeit gekämpft, und ich glaube, einigen von uns ergeht es auch so. Wir kämpfen damit, dass unser Leben nicht aufblüht. Wir wünschen uns so sehr den Durchbruch, und wir verstehen nicht, warum Gott uns so lange warten lässt. Aber wir können selbst entscheiden: Schauen wir auf unsere Umstände oder auf Jesus, den König aller Zeiten? Gott bleibt über allem erhaben, und ich wünsche uns, dass wir es wie Maria erkennen und uns der Herrlichkeit und Größe Gottes bewusst sind. Sein Königtum hat kein Ende.

Ich weiß nicht, wie ich das hier in so wenige Zeilen packen soll, aber ich kann mittlerweile aus ganzem Herzen sagen: „Ich liebe diesen Gott und ich weiß, dass er für mich nur das Beste im Sinn hat!" Gott durfte mir die Gesundheit nehmen. Umso größer und bedeutsamer ist heute jeder Augenblick, in dem meine Beine stark genug sind, um ein paar Schritte dem Sonnenuntergang entgegenlaufen zu können. Freudenexplosion!

Ja, in der Wüste wird gekämpft, geweint und geklagt. Aber es lohnt sich, Gott treu zu bleiben. Denn keine Dunkelheit ist jemals zu dunkel für das Licht dieser Welt.

Lea-Catharina Anders (25) lebt in einer WG in Karlsruhe. Kurz nach ihrem Abschluss zur Sportlehrerin ist sie am Epstein–Barr-Virus erkrankt und leidet seitdem unter dem Chronischen Erschöpfungssyndrom (CFS). Wenn es die Kräfte zulassen, liebt sie Lagerfeuermomente, Sonnenuntergänge, Ausflüge ins Grüne und ganz besonders lustige, ehrliche und verrückte Zeiten mit Herzensmenschen.

Weihnachten in Quarantäne

DOROTHEA TRAUTVETTER

◆——————————◆

Ich bin als Lehrerin im letzten Dienstjahr hoch motiviert in den vergangenen Monaten in den Religionsunterricht gegangen, denn wenn man weiß, dass jedes Thema nicht noch einmal unterrichtet werden wird, möchte man es den Kindern besonders eindrücklich nahebringen. Und außerdem war da immer der Schmerz, unter rund 50 Kollegen die Einzige zu sein, die an Jesus glaubt. Bei allen Versuchen, den anderen Lehrerinnen und Lehrern etwas vom großen Glück des Glaubens zu sagen, war ich immer auf höfliches Desinteresse gestoßen. So hatte ich die Hoffnung inzwischen zwar nicht aufgegeben, aber war realistisch genug, in der verbleibenden Zeit wohl kaum mehr mit großen Überraschungen zu rechnen.

Im Dezember und schon vorher gab es immer wieder Gespräche mit anderen, in denen es darum ging, wie man die ständig vom Staat geforderten Corona-Tests herzaubern könne, gerade wenn man am Wochenende kein Testzentrum in der Nähe hatte. Eine meiner Kolleginnen bot mir an, mich am morgen mit dem Auto mitzunehmen, denn die Straßenbahn war ja ohne Test nicht nutzbar. Und dann kam von einer anderen älteren Lehrerin eine E-Mail, die ich nicht verstand. Ich fasste mir ein Herz und rief sie an.

Unter Tränen berichtete sie davon, dass sie an Corona erkrankt sei und nun wohl sterben würde. Sie hatte Panik in der Stimme und solche Angst, weil sie allein lebend und körperlich schwach war.

Ich bin sicher kein Mensch, der auf dem Gebiet der Krankenheilung durch Gebet von Gott besonders begabt wurde, aber ich nahm all meinen Mut zusammen und versprach, dass ich einige gläubige Menschen anrufen würde und wir sie täglich vor Gottes Thron bringen würden. Das tat ich dann auch und rief die Kollegin täglich an, brachte ein Blümchen an die Tür, gab Tipps, was man im Fall einer solchen Erkrankung einnehmen sollte, und bat sie, täglich auch selbst zu beten.

Ich denke, es hat etwas bei ihr etwas ausgelöst, was nun wie ein Samenkorn wachsen darf. Denn am 13.12. erkrankte ich selbst an Corona und teilte es ihr und auch der anderen Kollegin, die mir die Mitfahrgelegenheit angeboten hatte, mit. Ich wurde von beiden ebenfalls mit liebevollen Anrufen ermutigt, gerade auch dann, als meiner 99-jährigen Mutter einen Tag vor Heiligabend mitgeteilt wurde, dass sie neben der Infektion noch eine Lungenentzündung bekommen hatte. Ob wir diesen Heiligabend wohl noch miteinander feiern würden?

Mein Mann und meine jüngste Tochter waren nur wenig betroffen und kümmerten sich um Großmutter und mich. Der

Postbote brachte u. a. ein Paket von der inzwischen fast genesenen Kollegin. Das hat mich sehr berührt. Und sie versicherte mir am Telefon, dass sie nun auch für mich beten werde, obwohl sie darin ja gar keine Übung habe.

Den Heiligabend verbrachten wir zu viert in Quarantäne ohne den sonst obligatorischen Gottesdienst. Aber wir sangen einige vertraute Weihnachtslieder und freuten uns, dass wir beisammen sein konnten. Der ERF lieferte mir das Weihnachtsoratorium und andere schöne Weihnachtslieder direkt ans Krankenbett. Am ersten Weihnachtstag hatte Gott uns eine Winterlandschaft geschenkt und ich konnte einen ersten kurzen Spaziergang in der kalten Winterluft wagen.

Nun sind inzwischen alle Erkrankten fit oder fast wieder fit, auch meine Mutti, die im März vielleicht doch noch ihren 100. Geburtstag feiern darf, so Gott will. Mit der Autofahrerin bin ich nach fast 20 Dienstjahren nun per Du und wir telefonieren jede Woche. Auch hier ist ein Samenkorn des Glaubens ins Herz gefallen. Möge Gott es wachsen lassen, und vielleicht feiern beide Frauen Weihnachten bald anders als bisher: als Geburt unseres und so gern auch ihres Heilandes Jesus Christus.

Dorothea Trautvetter ist Lehrerin, seit Februar 2022 in Rente, Mutter und Großmutter. Sie interessiert sich für Sprachen und Radtouren mit ihrem Mann, liest sehr gern und schreibt von ihren Erlebnissen mit Gott.

Wie ein helles, warmes Licht

SANDRA HEDDRICH

◆——————◆

Tränenüberströmt saß ich vor unserem hell erleuchteten Weihnachtsbaum. Doch das stimmungsvolle Licht konnte mein Herz nicht erwärmen. In mir sah es dunkel aus. Dieses Weihnachten hätte doch ganz anders aussehen sollen. Ich hatte es mir letztes Jahr schon in den schönsten Farben ausgemalt.

Das Jahr zuvor war die Adventszeit von Erschöpfung und Übelkeit geprägt, doch ich hätte nicht glücklicher sein können. Wenn ich mich damals übergeben musste, war ich stolz darauf. Ich war so stolz, schwanger zu sein. Unsere Zukunft lag strahlend vor uns: Nächstes Jahr würden wir mit unserem vier Monate alten Baby Weihnachten feiern.

Doch es war ganz anders gekommen. Gerade jetzt, in der festlichen Weihnachtszeit, wurde mir das schmerzlich bewusst. Unser Sohn war gestorben. Statt fröhlichem Babylachen hatte ich nun immer wieder die Worte des Arztes im Ohr, als er bei einer Ultraschalluntersuchung den Tod unseres Sohnes feststellte. Erneut schluchzte ich auf. Mein Mann hielt mir liebevoll die Hand. Heute war ein guter Freund zu Besuch. Es tat so gut, dass er da war, zuhörte und mit uns den Schmerz aushielt. Wir erzählten ihm von der stillen Geburt unseres süßen Sohns und von der klaffenden Lücke, die er hinterlassen hatte.

Ein hoher Blutdruck meinerseits hatte eine genaue Ultraschalluntersuchung in der Klinik notwendig gemacht. Nicht weiter besorgniserregend, aber wichtig. Doch dann erhielt ich die niederschmetternde Nachricht, dass unser Sohn in meinem Mutterleib verstorben war. Die stille Geburt war voller großer Emotionen: Trauer, Liebe, Stolz, Glück, Freude, Verzweiflung.

Als mein Mann aufgefordert wurde, die Nabelschnur durchzuschneiden, sah er, weshalb unser Nils gestorben war: Er hatte einen Knoten in die Nabelschnur geturnt. Dieser hatte sich so festgezogen, dass unser Sohn von jeglicher Versorgung abgeschnitten worden war. Wie sollten wir das Unfassbare jemals fassen? Der Alltag fühlte sich so falsch an. Das fertig eingerichtete Kinderzimmer blieb leer. Der Schmerz und die Sehnsucht waren kaum zu ertragen. Wir wollten so sehr einen Familienalltag, hofften auf ein Geschwisterchen für unseren Sohn Nils und erlebten Monat für Monat erneut eine bittere Enttäuschung. Die ersehnte Schwangerschaft blieb aus.

Beim Erzählen brach immer wieder meine Stimme und die Tränen flossen ununterbrochen, doch unser Freund hörte aufmerksam und mitfühlend zu. Dann stellte er mir liebevoll eine Frage: „Sandra, ihr habt hier diesen wunderschönen Weihnachtsbaum stehen", meinte er zu mir. „Stell dir vor, auf diesen

Zweigen säße ein Weihnachtsengel und würde dich nach deinem größten Wunsch fragen. Welcher wäre das?"

Erstaunt stellte ich fest, dass meine Antwort nicht lautete, wieder schwanger zu sein. Im ersten Moment überraschte mich das sehr, denn dieser große Wunsch hatte meine Gedanken die letzten Wochen völlig eingenommen und belastet. Ja, ich wünschte mir, wieder schwanger zu sein, doch mein eigentlicher Wunsch war ein völlig anderer: Ich wollte unseren Sohn zurück. Ich wollte sein Leben zurück, wollte seine Stimme hören, ihn stillen, ihn halten, mit ihm lachen und seine strahlenden Augen beim Anblick des Weihnachtsbaumes sehen.

In den nächsten Tagen klang das Gespräch noch in mir nach. Wenn ich abends in die Lichter unseres Baumes starrte, musste ich an die Frage unseres Freundes und meine Antwort denken. Zum ersten Mal seit Wochen konnte ich Erinnerungen an unseren Sohn wieder zulassen und mir selbst eingestehen, wir sehr ich ihn und seine Eigenheiten vermisste:

Autofahrten hatte er geliebt und mit fröhlichen Tritten in meinem Bauch genossen. Wenn ich abends zu lange auf der Arbeit war, ermahnte mich Nils mit energischen Stupsern, Feierabend zu machen: „Mama, es reicht." Doch mit wem konnte ich diese für mich so kostbaren Erinnerungen teilen? Wer schenkte den Bewegungen eines ungeborenen Babys schon Beachtung?

Zu oft hatte ich schon erlebt, dass Nils' Leben kaum Wertschätzung entgegengebracht wurde. Wenn ich von der Totgeburt unseres Sohnes erzählte, wurde ich nach einer kurzen Betroffenheit oft mit den Worten „Du bist ja noch jung. Beim nächsten Mal klappt es sicher" getröstet. Dass mein Sohn Nils wie eine Sache, die nicht geklappt hat, gesehen wurde, tat jedes Mal erneut weh. Gab es jemanden, für den die Erinnerungen an das verborgene Leben unseres Sohnes genauso wichtig waren wie für uns Eltern?

Welche Antwort ich auf diese Frage fand, ist für mich immer noch ein großes Weihnachtswunder. Ich glaube, Gott hat sehnsüchtig auf diese Frage gewartet, weil er so große Freude daran hatte, sie mir zu beantworten. Er zündete mit seiner Antwort ein Licht der Liebe und Freude in meinem Herzen an, das seitdem hell leuchtet und strahlt.

Gott redete zu meinem Herzen und fragte mich, ob ich nicht wüsste, wie sehr er unseren Sohn Nils liebt und wie kostbar sein Leben für ihn ist. Gott richtete meinen Blick auf die Weihnachtsgeschichte im Lukasevangelium. Ganz am Anfang wird beschrieben, wie Maria, nachdem sie von ihrer Schwangerschaft erfuhr, ihre ebenfalls schwangere Verwandte Elisabeth besucht. Als die beiden Frauen sich begrüßen, bemerkt Elisabeth, wie ihr Sohn vor Freude in ihr tanzt. „Mein Sohn freut sich über den Besuch von dir und dem Baby im Bauch", erklärt sie Maria voller Freude und Ehrfurcht.

Diese kleine Episode mochte ich schon als Kind sehr und fand die Begebenheit süß. Doch jetzt überwältigte mich die Botschaft, die in dieser Geschichte steckt. Ja, Gott selbst redete durch diese kurzen Verse ganz liebevoll mit mir:

„Meine liebe Sandra, das Leben eures Sohnes ist unendlich kostbar für mich. Ich habe auf jede Bewegung von Nils geachtet. Das, was er damit zu sagen hatte, schätze ich sehr. Das darf auch jeder wissen. In meinem Wort ist es wichtig, was ein Mensch zu sagen hat, der noch im Mutterleib lebt. Liebe Sandra, vielleicht mögen dir viele Mitmenschen das Gefühl geben, das Leben eures Sohnes sei unbedeutend gewesen und euer Kinderwunsch habe nicht geklappt. Doch aus meiner göttlichen Sicht ist das Leben eures Sohnes Nils genauso wichtig wie das eines 90-Jährigen. Ich schaue auf das Verborgene. In meinem Buch kommt auch ein ungeborenes Baby zu Wort. Sandra, ich liebe euren Sohn und ich achte sein Leben."

Gottes Worte trösteten mich tief und waren wie Balsam für mein trauerndes, verzweifeltes Herz. Gott hat mir mit dieser Begebenheit aus der Weihnachtsgeschichte ein helles, warmes Licht angezündet, das nun in mir leuchtet – selbst in dunklen Stunden der Trauer.

Seitdem legt sich immer ein breites Lächeln auf meine Lippen, wenn ich an den großen Schatz denke, den ich durch die Frage eines lieben Freundes und mit Gottes Hilfe in der Weihnachtsgeschichte gefunden habe.

Sandra Heddrich liebt es, Mama zu sein, mit zwei Kindern im Herzen und einem davon an der Hand. Ihre Erfahrungen als Mutter von Kindern mit kurzem Leben teilt sie gern, um anderen Betroffenen Mut zu machen. Sie arbeitet als Ergotherapeutin und lebt mit ihrer Familie in Mainhausen.

Ein Stern für dich

SIMONE HEINTZE

●————————●

Tränen laufen der Frau über das Gesicht, während sie mich anblickt. Ihr Blick drückt unendliche Dankbarkeit aus. Sie reicht mir ihre Hand und dann flüstert sie mit tränenerstickter Stimme: „Sie wissen gar nicht, was für eine große Freude sie mir gerade machen! Ich sitze hier seit Stunden zu einer Röntgenaufnahme. Meine Angst ist so groß, dass ich nichts anderes mehr wahrgenommen habe. Da kommen sie mit ihren Konfirmanden und schenken mir einen Stern!"

Ich lächle voller Freude zurück, die Konfirmanden und Konfirmandinnen, die mich begleiten, sind stumm vor Staunen und Ergriffenheit. So ein kleiner Stern und dann so große Emotionen! Unsere Aktion „Ein Stern für dich" bewirkt genau das, was sie soll!

Vor acht Jahren saß ich selbst hier, in der trostlosen Röntgenabteilung in einem dieser riesigen Krankenhäuser. Ich kam mir völlig verloren vor und die Angst fraß mich schier auf. Nach meiner dritten überstandenen Krebserkrankung hatte ich eine Kontrolluntersuchung. Man kann gar nicht in Worte fassen, was in diesem Moment durch meinen Kopf ging. Von grenzenloser Hoffnung bis hin zur tiefsten Angst war alles dabei. Das lange Warten nagte an den Nerven.

Da plötzlich kam mir ein Gedanke, der mich seither nicht mehr losließ.

Allen Menschen hier im Krankenhaus geht es so: Sie sitzen ängstlich und angespannt auf ihrem Stuhl. Und warten …

In der Adventszeit begegnet uns ebenfalls ein Warten. Das Warten auf unseren Herrn Jesus, auf Gottes Sohn, der in einer Krippe zur Welt kam. Da ist doch so viel Hoffnung! Ich wollte diese Hoffnung spüren, gerade hier im Krankenhaus unter den vielen kranken Menschen.

Ich fragte mich, wie ich diesen Menschen eine kleine Hoffnungsbotschaft überbringen konnte? Eine Botschaft, die ihnen Hoffnung schenkt.

Zu dieser Zeit war ich Mitarbeiterin im Konfirmandenunterricht und im Jugendgottesdienstteam. Langsam formte sich der Plan, dass die Konfirmanden etwas Selbstgemachtes mit einem persönlichen Adventsgruß und einer Ermutigung versehen könnten …

Konfis lieben geschmolzene Schokolade und Cornflakes, und so entstanden 300 Päckchen köstliche Schokocrossies. Leider machten uns die Hygienebestimmungen der Krankenhäuser jedoch einen Strich durch die Rechnung. Wir durften die Päckchen „nur" an die Klinikmitarbeiter verteilen.

Da kam mir die Idee mit den Sternen aus Transparentpapier. Die könnten die Kranken sogar in ihrem Krankenzimmer oder auch zu Hause an ihr Fenster kleben. Dazu schrieben die Konfis eine persönliche Ermutigung auf Kärtchen. Lena schrieb zum Beispiel auf eine Karte: „Frohe Weihnachten! Gottes Segen beschütze und bewahre dich. Egal, was kommen mag: Gott ist bei dir!"

Vor sieben Jahren begannen wir mit der Aktion „Ein Stern für dich". Seitdem „baschtelten" viele Leute ehrenamtlich und zusammen mit über 100 Konfirmandinnen und Konfirmanden Sterne und schrieben etliche persönlichen Kärtchen. Wir nannten es „baschteln", denn mein schwäbischer Heimatdialekt färbte auf die Helfergruppe in Nordrhein-Westfalen ab. So wurde „Baschteln" zum Running Gag der Konfis.

Im ersten Jahr haben wir 500 Sterne angefertigt. Die Konfirmanden verteilten sie in Kliniken, im Hospiz und in Altenheimen.

Jeweils in kleinen Gruppen gingen die Konfis in ein Krankenzimmer, erzählten, woher sie kamen und dass sie diesen persönlichen Stern verschenken möchten. Den meisten Patienten und Patientinnen zauberte das ein Lächeln ins Gesicht. Es gab aber auch viele Patienten, die zu weinen begannen, weil sie nicht fassen konnten, dass sie tatsächlich Besuch bekamen und ihnen sogar noch ein Geschenk gebracht wurde.

Das waren sehr bewegende Momente. Denn die Konfirmanden selbst konnten nicht glauben, dass so ein kleiner Stern so viel Freude und so viele Gefühle auslösen konnte.

Das ist für mich persönlich das Wertvollste an dieser Aktion. Ich bin davon überzeugt, dass dieser Stern die Jugendlichen ein Leben lang begleiten wird. Sie werden nie vergessen, wie viel Mut und Hoffnung sie anderen Menschen weitergeben konnten, und wie viel Dankbarkeit sie erfahren haben.

Dieser Stern löst überall ein Strahlen aus. Er leuchtet weit über die Krankenhausflure hinaus.

Auch in der Corona-Zeit, als das persönliche Verteilen nicht möglich war und wir die Sterne nur bei den Mitarbeitern zum Verschenken abgeben konnten, hörte dieses Hoffnungsleuchten nicht auf. Dieser Stern, mit einer persönlichen Botschaft von Konfirmanden, Schülerinnen oder anderen fleißigen Mithelfern ist eine leuchtende Hoffnungsbotschaft, die leuchtet und leuchtet und leuchtet.

Mit Freude stelle ich fest, dass sich immer mehr Gemeinden und auch Schulen davon begeistern lassen und an dieser Aktion mitmachen wollen, um in den Hospizen und Kliniken Sterne zu verteilen.

Auf Instagram *@sternebaschteln* oder unter Cevi-Gevelsberg gibt's die Bastelanleitung.

Lasst uns immer mehr „Baschtler" und Hoffungsboten werden.

Lasst uns die Sterne zu den vielen kranken Menschen tragen, um ihre Herzen mit Gottes Liebe und menschlicher Nähe zu wärmen und ihnen Hoffnung zu schenken!

Simone Heintze hat drei Kinder, die für sie das größte Geschenk im Leben sind. Und sie hat vier Krebserkrankungen in ihrem Leben überstanden. Viele Wunder durfte sie erleben. In ihrem Buch „Wäre schön blöd, nicht an Wunder zu glauben" erzählt sie mehr davon. Heute engagiert sie sich, wenn es ihre Gesundheit zulässt, in ihrer Gemeinde, dem CVJM, als Grüne Dame und als Versichertenälteste der DRV Westfalen.

Friedensbringer und Sinnstifter

DOROTHEE KOWALKE

◆

Es sind mittlerweile einige Weihnachtsfeste, auf die ich in meinen 54 Jahren zurückblicken kann, fast 30 Jahre davon erlebte ich als Christin. Es gibt viele Ereignisse, äußere Umstände und herausfordernde Lebenssituationen, die mir in Erinnerung geblieben sind und gerade in die Adventszeit fielen.

Es waren Weihnachtsfeste, vor denen mir schon im Vorfeld graute und die eine Ahnung von Missstimmungen und Konflikten aufkommen ließen. Die Kindheit mit einem alkoholabhängigen Vater machte gerade die Weihnachtszeiten zu einem Minenfeld, in dem Gewalt und ängstliche Bedrückung vorprogrammiert waren.

Nach der (für uns Kinder gefühlt viel zu späten) Trennung meiner Eltern blieb meine Mutter mit uns vier Kindern und der alleinigen Verantwortung zurück. Ihr Beruf als leitende Krankenschwester auf der Intensivstation des örtlichen Krankenhauses war sehr anstrengend, und die Schichtarbeit stellte für uns alle eine belastende Situation dar. Aber nur so konnte Mama für uns sorgen und die finanzielle Bürde allein stemmen.

Ich erinnere mich auch in dieser Zeit kaum an positive Weihnachtsfeste, da bei vier traumatisierten Kindern die Probleme und neuen Sorgen schon vorprogrammiert waren. Kurze Momente der Normalität und familiärer Eintracht gab es kaum, und wenn doch, waren sie überschattet von der angespannten Erwartung kommender Konflikte und Nöte.

Angst – dieses Gefühl nahm so viel Raum in meinem Herzen ein, dass die Geburt eines Erlösers, der uns liebt und für alle Sünden später am Kreuz hingerichtet wird, in meinem Denken kaum nachzuvollziehen war. Eine leise Ahnung in meinem Herzen, von Zeit zu Zeit ein unerklärliches Sehnen, daran kann ich mich schon erinnern. Die Geschichten aus meiner Kinderbibel mochte ich sehr gern, aber es passte so gar nicht zu meiner gefühlten Realität und meinen Erfahrungen.

Spätere Weihnachtsfeste als junge, frisch verheiratete Frau, die Jesus als ihren Erlöser angenommen hatte und ihn im Herzen trug, ließen jedoch Raum für neue Möglichkeiten und viele kleine Wunder.

Das Wunder, eine Familie zu entdecken, die trotz vieler Verletzungen und traumatisierender Ereignisse im Herzen verbunden sein kann, und eine Familie, in der sich durch die Liebe und Vergebungskraft unseres großen Gottes alle Angehörigen annehmen können, weil sie gelernt haben, Gnade zu leben und zu empfangen.

Auch das ist Weihnachten, den Blick von sich selbst auf den

Menschen dir gegenüber zu richten und in ihm ein Geschöpf Gottes zu erkennen. Die Liebe deines Gottes durch dich wirken zu lassen und erfahrbar zu machen, Barmherzigkeit zu schenken und Licht in diese Welt zu bringen.

Natürlich sind auch in dieser späteren Zeit einige Weihnachtsfeste überschattet gewesen von ängstlicher Erwartung oder gesundheitlichen Herausforderungen: Wie wird diese schwere Operation ausgehen? Wird es Heilung für diese belastende Erkrankungen geben oder heißt es, Abschied zu nehmen?

Gerade in der Vorweihnachtszeit können Todesfälle alles überschatten, und ein mühsames Ringen um den Frieden in meinem Herzen belastet zusätzlich.

Eine extreme Situation kurz vor Weihnachten ist mir noch besonders in Erinnerung: Nach einer ambulanten Darmspiegelung bekam ich starke Schmerzen und eine dramatische Notsituation trat ein. Hinzu kam, dass mein linkes Bein plötzlich gelähmt war, und so folgte der Ruf eines Notarztwagens und die stationäre Abklärung.

Viele Untersuchungen nahm man vor, auch eine Operation war aufgrund der starken Schmerzen erforderlich. Nur die Lähmung meines linken Beines konnte nicht geklärt werden. So verbrachte ich die Vorweihnachtszeit 2016 mit Ringen und Hadern und dem sehnsüchtigen Warten auf eine Diagnose und neurologische Abklärung. Auch in dieser Zeit schien Weihnachten erst einmal in weite Ferne gerückt zu sein …

Doch Gott durchbrach immer wieder den Nebel aus Angst und Sorge, versicherte mir immer wieder seinen Beistand und beschenkte mich mit seinem Frieden. Trotz allem gab es auch manche tränenreiche Phase und viele Hürden zu überwinden. Es sollte noch einige Monate dauern, bis eine Diagnose gestellt wurde. Doch im Rückblick waren es diese Zeiten des Bangens und Hoffens mit dem Gefühl, nichts mehr im Griff zu haben, die Gott besonders intensiv genutzt hat.

Ich lernte, Vertrauen zu haben und demütig an die Möglichkeiten meines großen Gottes zu glauben. Menschlich gesehen oft hoffnungslose Situationen abzugeben und zu wissen: Gott hat einen Plan, der so viel größer ist und alle menschliche Vorstellungskraft übersteigt!

Heute kann ich sagen, dass gerade in diesen so schweren und herausfordernden Zeiten der Blick auf und das Wissen um die Geburt unseres Erlösers die größte Hoffnung überhaupt ist. Wie auch immer meine Umstände aussehen, Jesus kommt auf die Welt und mit ihm die beste Botschaft und Perspektive, die ich erhalten kann. Wie wundervoll und tröstlich ist das!

Weihnachten ist doch wirklich eine wundersame Zeit: Ein Säugling kommt auf unsere Welt und mit ihm das unglaubliche Geschenk der Liebe und Gnade unseres großen Gottes. Dieses kleine Menschlein, so hilflos und schwach – und doch steckt in ihm die Größe und Heiligkeit unseres Schöpfers.

Ich lege alle meine Erwartungen, Hoffnungen und Ängste vor meinen himmlischen Erlöser – von meinem schmerzlichen Gestern und dem unsicheren, belastenden Heute bis hin zur ungewissen Zukunft, denn mit der Ankunft unseres Erlösers hat alles einen Sinn. Nur er kann aus für uns Unverständlichem und scheinbar Sinnlosem etwas Heiliges und Sinnstiftendes machen.

Er möchte uns ganz nah kommen und bietet uns seine tröstliche Zuversicht an, die Hoffnung in diesen unruhigen Zeiten, nach der wir uns so schmerzlich sehnen. Der Schöpfer dieser Welt und sein eingeborener Sohn Jesus Christus, der in unser aller Menschsein tritt und die Türen öffnet zu seiner göttlichen Herrlichkeit – das ist für mich Weihnachten!

Dorothee Kowalke ist verheiratet, 1967 geboren und wohnt in Wenden. Mit ihren Geschichten möchte sie ermutigen, Hoffnung schenken und Gottes Segen weitergeben.

licht

LYDIA NEUFELD

licht
verändert meine sicht
was ich im dunkeln nicht
sehen kann wird sicht-
bar wenn licht
hereinbricht

so kam das licht
des lebens zu uns ins finstere damit wir nicht im dunkel
bleiben müssen nicht sehend wo unsere füße hintreten
können und uns dabei verletzen am körper und am herzen

doch dem licht muss die tür geöffnet sein allein kann
es nicht ins dunkel hinein jeder muss für sich selbst der
türöffner sein allein

wenn aber ein mensch seine tür öffnet
strahlt wärme und licht und beendet
das dunkel in seinem leben
das licht von oben will hoffnung und freude und liebe
geben sinn im leben liebend geben licht zum leben willst
du es erleben?

Lydia Neufeld ist verheiratet und begleitet ihre vier Kinder ins Leben. Außerdem bereitet sie Vorschulkinder auf die Schule vor und liebt es, Worte zu lesen und in kurzen Poetry-Texten zu formulieren.

KAPITEL 3

Weihnachten — Zeit der Erinnerungen

„Das ist wahre Weihnacht!"

ANNA THOMAS

●────────●

Es ist ein Heiligabend in meiner Kindheit. Ich stehe mit meinen Eltern und meinen fünf jüngeren Geschwistern bei unseren Nachbarn vor der Tür. Wir sind mit zwei Gitarren bepackt und klingeln. Sobald uns geöffnet wird, fangen wir an, unsere vorbereiteten Weihnachtslieder vorzutragen. Die Überraschung ist den Nachbarn ins Gesicht geschrieben. Unser Singen berührt sie sehr. Mit strahlenden Gesichtern und nach einem herzlichen „Fröhliche Weihnachten" gehen wir glücklich nach Hause und haben dort unsere Bescherung.

Dieses „Konzert" sollte nicht das letzte gewesen sein. Alle Jahre wieder wiederholten wir es für sie.

25 Jahre später – ich bin nun selbst Mama von drei Kindern – liebe ich es immer noch zu musizieren. Als wir vor acht Jahren unser eigenes Haus kauften, kam mir sofort der Gedanke, dass ich an Weihnachten unseren Nachbarn die gleiche Überraschung bereiten wollte wie damals, als ich noch eine Teenagerin war. Gedacht, getan.

Nun gehen wir jedes Jahr an Heiligabend mit der Familie und den Menschen, die gerade gemeinsam mit uns den Geburtstag Jesu feiern, von Haus zu Haus, um mit Gitarrenbegleitung für unsere Nachbarn zu singen.

Die ersten Male waren sehr aufregend und bewegend. *Wie reagieren die Nachbarn, die uns noch nicht so gut kennen, auf unseren Auftritt?* Keiner der Nachbarn rechnete schließlich damit, plötzlich fünf bis fünfzehn Personen vor der Tür stehen zu haben, die beim Öffnen derselben plötzlich Weihnachtslieder vortragen.

Inzwischen blicken wir auf mehrere Heiligabende zurück, die uns als Familie sehr bewegt haben und an denen unsere Musik vielen Menschen Mut und Hoffnung gemacht hat. Da war zum Beispiel das Jahr 2015, als unser alter Supermarkt in ein Flüchtlingscamp umfunktioniert worden war. Im Vorfeld war die Lage angespannt gewesen. Wie würden die geflüchteten Muslime auf Weihnachten reagieren?

Viele unterschiedlich tickende Menschen lebten dort auf engstem Raum zusammen, die Stimmung war entsprechend aufgeladen. Dennoch wollten wir auch dieses Jahr christliche Weihnachtslieder zu den Menschen bringen. Wir sangen gerade für unsere Nachbarn aus dem Mehrfamilienhaus, als sich hinter dem Zaun zur Flüchtlingsunterkunft einige der Flüchtlinge sammelten und aufmerksam zuhörten. Ein Mitarbeiter kam, sprach uns an und bat uns, kurz zu warten. Er würde noch mehr Leute rufen, damit sie das fröhliche Singen mitbekamen. Nach ein paar Minuten standen Hunderte Menschen am Zaun und hörten unseren Weihnachtsliedern zu. Das war ein bewegender Moment für uns alle!

Jedes Jahr erreichen wir mehr Nachbarn mit unserem Singen, und die Überraschung steht ihnen nach wie vor ins Gesicht geschrieben. Ein Nachbar sagte letztes Jahr mit Tränen in den Augen: „Das ist wahre Weihnacht!"

Anna Thomas ist Familienfrau und spielt gerne Klavier. Sie liebt es, zu Gottes Ehre zu singen und lädt Menschen gerne zu sich ein.

Kleine Gabe — große Wirkung

HERMINE LANG

◆———————◆

Jedes Jahr zu Weihnachten bereite ich kleine Päckchen für unsere Hausmeisterin, unseren Postboten und Zeitungszusteller vor. Alle drei erfüllen das ganze Jahr über fleißig und zuverlässig ihren Dienst – oft auch ungesehen, so wie unser Zeitungszusteller, der bei jedem Wetter schon vor fünf Uhr früh unsere Tageszeitung in den Briefkasten steckt. Gerade im Winter ist es eine beschwerliche Arbeit, wenn zu dieser Uhrzeit noch keine Straßen und Wege geräumt und gestreut sind und er sich durch den Schnee kämpfen muss.

Auch unser Postbote ist Sommers wie Winters unterwegs, bei Regen, Sturm, brütender Hitze und klirrender Kälte, um uns unsere Briefe und Pakete zu bringen. Dabei ist er immer freundlich und nimmt sich die Zeit, um ein paar Worte mit uns zu wechseln, wenn wir uns begegnen.

Nicht zu vergessen ist außerdem unsere Hausmeisterin, der „gute Geist" der Wohnanlage. Zuverlässig und unermüdlich putzt sie die Treppenhäuser, stellt die Mülltonnen bereit, kehrt die Garagen und Wege, räumt den Schnee, mäht den Rasen und macht alles, was sonst noch so anfällt.

Wir möchten durch unsere kleinen Gaben Danke sagen für ihren treuen Dienst das ganze Jahr über und ihnen das Gefühl geben, dass sie gesehen werden und mein Mann und ich ihre Arbeit wertschätzen.

Deshalb mache ich jedes Jahr vor Weihnachten kleine Päckchen für diese Menschen. Sie bekommen je eine Karte mit einem ausgewählten Text und ein paar persönlichen Dankesworten sowie einen Geldschein. Dazu lasse ich mir immer wieder etwas anderes einfallen, was ich mit in die Tüte stecke. Mal sind es selbstgemachte Plätzchen oder Marmeladen, mal eine Schachtel Süßes oder eine Kerze.

In dem Jahr, in dem ich Kerzen verschenkte, klingelte es nach ein paar Tagen an unserer Haustür. Draußen stand ein mir unbekannter alter Mann. Es war unser Zeitungsausträger, der sich für das Geschenk bedanken wollte. Zu seiner kleinen Rente verdiene er damit etwas dazu, wie er sagte. Und nun wollte er sich unbedingt persönlich für die wertschätzenden Zeilen und vor allem für die Kerze bedanken. Er erzählte mir, dass seit dem Tod seiner Frau vor sieben Jahren keine Kerze mehr bei ihm zu Hause gebrannt hatte. Unsere Weihnachtsgabe habe er jedoch in diesen dunklen Dezembertagen angezündet. Und sie habe ihm so viel Freude und Zuversicht bereitet.

Ich war gerührt und glücklich darüber, das richtige Geschenk für diesen alten, einsamen Mann gefunden zu haben. Eine kleine Kerze hat so viel Freude und Helligkeit in das Leben dieses Menschen gebracht. Er durfte von der Botschaft des Weihnachtsfestes erfahren – durch dieses kleine Licht, das in seine Dunkelheit drang. Uns beiden standen die Tränen in den Augen, als er wieder seines Weges zog.

Oft sind es die kleinen Dinge, unscheinbare Gesten, nette Worte oder ein Lächeln, die so viel Freude und Licht in unsere oft so kalte und dunkle Zeit bringen. Sie kosten uns nichts und machen diese Welt ein klein wenig freundlicher und menschlicher.

Hermine Lang lebt mit ihrem Mann im südlichen Franken. Sie liebt es, zu schreiben, in ihrem Garten zu arbeiten und singt im Kirchenchor. Außerdem ist sie mit Herzblut dabei, ihren Wald umzubauen und fit für den Klimawandel zu machen.

Springerstiefel

CHRISTA KLEIN

◆———————◆

Gott selbst hatte mich vor vielen Jahren (1999–2008) zu den Gefangenen, Obdachlosen, Drogenabhängigen und Alkoholikern entsandt. Kurz vor Weihnachten wollte ich allen ein Geschenk machen, obwohl ich als HARTZ-IV-Empfängerin selbst kaum Geld hatte. Im Gespräch erzählte mir ein mittelloser Mann, dass er sich Springerstiefel in Größe 43 wünschte. Diesen Wunsch wollte ich ihm so gern erfüllen, aber wo um alles in der Welt sollte ich die herbekommen? Ich betete um Hilfe und war selbst am meisten überrascht, als mich später eine Bekannte anrief und erzählte, sie hätte Kleidung abzugeben und darunter seien auch Springerstiefel … in Größe 43. Ich war völlig baff! Mit so einer schnellen und konkreten Gebetserhörung hätte ich nicht gerechnet!

Als ich die Stiefel später dem Obdachlosen brachte, erzählte ich ihm, wie es dazu gekommen war. Durch diese besondere Geschichte wurde ihm und den anderen, die davon mitbekamen, bewusst, dass es einen Gott geben musste, der seine

Menschen liebt! Die Begegnung war sehr bewegend und führte dazu, dass ich mir meiner Berufung noch sicherer wurde und diesen Menschen am Rande der Gesellschaft weiter diente. Ich durfte dabei selbst mehr im Glauben wachsen und viel Positives erleben – zum Beispiel, dass der Springerstiefel-Mann später für eine christliche Therapie in die Schweiz fuhr.

Allerdings zeigte Gott mir auch viel Negatives und Schmerzhaftes im Dienst an diesen Menschen, was schließlich überhandnahm und mich irgendwann extrem belastete. Es kam der Zeitpunkt, an dem wir bewusst wurde, dass ich mit meinem Dienst aufhören musste. Dass eine Berufung auch enden darf. Und dass Gottes Wille dahintersteckte.

Ich war gerade mit einer Gruppe im Gefängnis für unser Seelsorge-Angebot, als ich meinem Leiter sagte: „Heute ist für mich Schluss! Gott geht mit anderen weiter, mein Part hier ist erledigt!"

Dass ich gehorsam war, krönte Gott mit einer Bekehrung von vier Gefangenen.

Getrost konnte ich nun loslassen, auch wenn es nicht einfach war.

Die Antwort, welche Frucht aus meinem Dienst entstanden ist, werde ich wohl erst im Himmel erfahren. Aber ich habe schon hier auf Erden erlebt, wie treu Gott Gebet erhört und wie sehr er diese Menschen liebt, die andere schon abgeschrieben haben …

Christa Klein ist 67 Jahre alt, Rentnerin mit Job, Mutter einer erwachsenen Tochter und eine wiedergeborene Christin, die 23 Jahre in Sünde, Sucht und Krankheit gelebt hat, bis Jesus sie aus der Dunkelheit herausgeholt und erlöst hat, um dann in seiner Mission den Gefangenen, Drogenabhängigen, Alkoholikern und Obdachlosen dienen zu dürfen.

Der Engel Matthäus kam zu Weihnachten

SABINE ZINGERLE

———◆———

Bis zu meinem 12. Lebensjahr wuchs ich auf einem Bauernhof in einem kleinen Dorf im Allgäu auf. Wir waren vier Mädchen (12, 10, 6 Jahre und 3 Monate alt). Jeden Abend betete ich damals und war dankbar, dass ich Eltern und ein warmes Bett hatte. Ich fühlte mich frei, glücklich und unbeschwert. Bis zu jenem Tag …

Am frühen Nachmittag des 17. Dezember – es war ein grässlicher Wintertag –, fuhren unsere Eltern in die Stadt, um Weihnachtseinkäufe zu erledigen.

Um circa halb fünf begann ich mir Sorgen zu machen, warum Mama und Papa noch nicht wieder zurück waren zur anstehenden Stallarbeit. Nur kurze Zeit später kam Matthäus, ein Cousin unseres Papas, zu uns auf den Hof. Mit Tränen in den Augen stand er vor mir und teilte mir mit, dass unsere Eltern einen Verkehrsunfall gehabt hatten. Mama war noch an der

Unfallstelle gestorben. Papa war mit lebensgefährlichen Verletzungen in eine Klinik geflogen worden.

Mir zog es den Boden unter den Füßen weg. Meine kleine, schöne Welt brach in sich zusammen. Nichts war mehr, wie es war. Nichts.

Doch der liebe Gott schickte uns Matthäus, der für uns wie ein Engel war. Er war von erster Minute an zur Stelle. Sofort hatte er gehandelt, sich um uns gekümmert, uns für die ersten Tage bei Nachbarn untergebracht und sich fortan um die Tiere unserer Familie gekümmert. Am nächsten Tag war er wieder vor Ort, organisierte einen Betriebshelfer für den Hof und eine Dorfhelferin für die Betreuung von uns Kindern und den Haushalt. Weiterhin kümmerte er sich um die Beerdigung von Mama, um die Versicherungsangelegenheiten und eigentlich um alles, was für Haus und Hof anfiel.

Noch vor Weihnachten beerdigten wir unsere Mutter. Unzählig viele Menschen kamen zum Grab und nahmen an unserem Schicksal teil. Auch dem Pfarrer ging unser Schicksal sehr nahe, er rang um die richtigen Worte. Alle beteten mit, dass Papa diesen schlimmen Unfall überleben würde.

Heiligabend feierten wir vier Mädchen zusammen mit Oma und Opa bei uns zu Hause. Wir schmückten zusammen den Christbaum und ich baute die Krippe auf. Das Schönste beim Aufbau der Krippe war für uns immer, das Jesuskind in sein Strohbett zu legen und es dann zu betrachten, wie es dort lag, umringt von seinen Eltern, den Hirten und den Schafen. Diesmal geschah das jedoch mit unsagbarem Schmerz und in tiefer

Trauer: „Warum stehen wir Kinder ohne unsere Eltern vor der Krippe und vor dem Christbaum?" Dennoch hatten wir viel Hoffnung und Zuversicht, dass unser Papa bald wieder nach Hause kommen würde. Wir besuchten die Weihnachtsgottesdienste mit Oma und Opa. Das ganze Dorf betete für uns. In unserer Mariengrotte zündeten wir nach den Feiertagen täglich Kerzen an.

Da kam Silvester. Onkel Matthäus stand erneut mit Tränen in den Augen vor uns Mädchen und teilte uns mit, dass nun auch Papa an seinen schlimmen Verletzungen gestorben war. Ich verstand die Welt nicht mehr. Wo war der liebe Gott? Ich haderte mit ihm. Gab es überhaupt so einen Gott?

Kurze Zeit später standen wir als Waisenkinder wieder am Grab, um unseren Vater zu beerdigen.

Matthäus wurde daraufhin zu unserem Vormund benannt. Die Tiere und Maschinen von unserem Bauernhof wurden verkauft. Alle Flächen sowie der Stall wurden verpachtet, doch die Zukunft für uns Kinder stand noch offen. Auf jeden Fall wollten wir uns nicht trennen und unseren Heimatort nicht verlassen.

So entschlossen sich Matthäus, seine Frau Luise und deren eigene vier Kinder (18, 16, 15 und 13 Jahre), die im selben Ort wohnten, uns vier Mädchen bei ihnen auf ihrem Bauernhof aufzunehmen. Im März 1982 zogen wir also bei unserer neuen Familie ein. Nun waren wir eine zehnköpfige Familie. Es hieß nun, doppelt so viel zu kochen, zu waschen, zu bügeln und vieles mehr.

Alle zogen an einem Strang. Doch die meiste Arbeit hatte natürlich unsere neue Mutter Luise. Sie managte den Haushalt mit Bravour und in aller Ruhe. Luise war für uns alle eine liebevolle und gutmütige Mutter. Sie nähte Kleidung für uns und kochte für jeden einmal das Lieblingsessen. Matthäus hatte viel Arbeit und Mühe, sich um unser Elternhaus und den Bauernhof zu kümmern. Das alte Wohnhaus musste abgerissen werden. Später entstand auf dem Grundstück ein Zweifamilienhaus. Matthäus hat uns vier Mädchen damit in allen Belangen finanziell wie materiell sehr gut abgesichert.

Unsere Pflegeeltern sind wirklich Engel auf Erden, die uns Gott geschickt hat. Sie haben uns in dieser schweren Zeit liebevoll begleitet und uns charakterlich geformt. Sie haben uns Liebe, Harmonie, Gemeinschaft, Zufriedenheit, Lebensfreude, Sanftmut und Respekt vorgelebt. All diese Tugenden durften wir von ihnen lernen, ohne dabei unsere eigenen Persönlichkeiten zu verlieren. Sie haben uns gezeigt, wie man seine Meinung vertritt, ohne andere zu verletzen. All das prägt mich bis heute.

Zu unserer Großfamilie gehörten aber auch die vier neuen älteren Geschwister: Peter, Anni, Rudi und Claudia. Sie trugen damals viel zu diesem tollen, harmonischen und lustigen Familienleben bei. Von Anfang an hatten die vier uns wie eigene Geschwister angenommen, trotz der vielen Arbeit und Einschränkungen. Es ist wirklich wunderbar, solche großen Geschwister zu haben, und wir halten immer noch toll zusammen und freuen uns auf jedes Treffen!

Mit 24 Jahren habe ich geheiratet und bin von zu Hause ausgezogen. Am Tag meiner Hochzeit haben meine Pflegeeltern zu mir gesagt: „Sabine, auch wenn du jetzt in einem anderen Ort wohnst, kannst du immer und zu jeder Zeit zu uns nach Hause kommen."

Es gibt für mich nichts Schöneres als zu sagen: „Ich fahr heim zu meinen Eltern." Ich habe in meiner Pflegefamilie ein intaktes Elternhaus, Heimat und Geborgenheit gefunden. Dafür bin ich sehr dankbar. Heute, als 53-jährige Frau, mehr denn je.

Rückblickend habe ich erkannt, wie Gott mich in dieser sehr schweren und schmerzvollen Zeit liebevoll getragen hat. Ich haderte mit ihm, ich beschimpfte ihn sogar. Aber Gott war an meiner Seite.

Mit circa 15 Jahren, nachdem ich schon drei Jahre in meiner Pflegefamilie gewesen war, hatte ich folgenden Traum: Ich war auf dem Weg zu meinem Elternhaus. Auf dem halben Weg rief mir eine Stimme zu: „Sabine, lauf schnell, deine Eltern Karl und Rosmarie sind wieder da." Ich blieb genau in der Mitte stehen zwischen meinem neuen Zuhause und meinem Elternhaus. Ich wusste nicht, welche Richtung ich nun einschlagen sollte: vor oder zurück? Dann wachte ich auf. Und es war gut so. Seit diesem Traum konnte ich mein Schicksal annehmen. Gott war da für mich. Er leitete mich. So durfte ich zwei Elternhäuser haben, 12 Jahre Kindheit bei meinen Eltern Karl und Rosmarie erleben und genau 12 Jahre in der Großfamilie Wilhelm. Keines dieser Jahre wollte ich jemals missen. Sie waren wunderschön und bereichernd für mich.

2021 jährte sich zum 40. Mal das schlimme Unglück meiner Eltern. Doch die Geburt Jesu zeigt mir immer wieder, wie schön das Leben sein kann. Heiligabend feiere ich mit meinem Mann, meinen zwei Kindern und unserer Oma. An den Weihnachtsfeiertagen findet unser großes Familientreffen mit allen Geschwistern und deren Kindern statt. Meine Pflegeeltern (beide mittlerweile 86 Jahre) freuen sich sehr über diese Großfamilie und genießen die gemeinsame Zeit.

Und mitten unter uns ist das Jesuskind, das uns immer Hoffnung gibt, auch in den schlimmsten Stunden. Die Geburt Jesu lässt seit 2000 Jahren Licht in der Finsternis aufleuchten. Ich habe es selbst erlebt …

Sabine Zingerle, verheiratet, zwei erwachsene Kinder, geboren 1969, ist gelernte Dorfhelferin und seit drei Jahren ehrenamtlich im Kinderhospiz tätig.

Niemand soll einsam sein

INGRID KASTIRR

•———————•

In meinem Elternhaus gab es immer Gelegenheit, anderen Menschen zu helfen. Kurz nach dem Krieg gab es kaum etwas zu kaufen, darum kamen häufig Händler an die Haustür. Eine alte Frau verkaufte Strümpfe. Sie war sehr alt und zittrig und bewegte sich steif und vorsichtig. Wir kannten damals niemanden, der Parkinson hatte, und erkannten diese Krankheit deshalb nicht. Meine Mutter lud diese fremde Frau jedenfalls in unsere Wohnung ein, gab ihr ein Mittagessen und kaufte ein paar Strümpfe. Von nun an kam sie öfter zu uns. Ich fragte sie einmal nach ihrem Wohnort und habe sie dann auch mal zu Hause besucht.

Als ich viele Jahre später selbst eine Familie mit vier Kindern hatte, lernten wir im Seniorendorf Weltersbach allerlei Leute kennen. Einige alleinstehende Frauen fragten uns: „Dürfen wir euch mal besuchen, damit wir etwas Abwechslung haben? Und würdet ihr uns mitnehmen?" Wir vereinbarten einen Sonntag, und mein Mann holte mit unserem VW-Bus acht Frauen ab.

Nun erlebten sie bei uns einen fröhlichen Tag in Haus und Garten. Wo Kinder sind, ist es schließlich immer lebhaft und lustig. Es wurde gegessen, gesungen, erzählt, gespielt und gelacht. Als mein Mann sie am Abend wieder zurückbrachte, winkten sie bei der Abfahrt fröhlich aus dem Auto.

In Weltersbach gab es auch zwei Männer, die beide behindert waren. Onkel Engelstädter (so nannten ihn unsere Kinder) lief mühsam an zwei Stöcken und konnte ansonsten mit seinem motorgetriebenen Rollstuhl weitere Strecken fahren. Er war an Kinderlähmung erkrankt und dadurch an beiden Beinen behindert. Sein Zimmergenosse Onkel Martini litt unter Spastik, lief ebenfalls nur sehr mühsam und konnte nur undeutlich sprechen. Der Heimleiter hatte diesen beiden einen Bastelraum zur Verfügung gestellt.

Weil Onkel Engelstädter aus dem Erzgebirge stammte, verstand er es, mit der Laubsäge umzugehen und aus Holz Weihnachtspyramiden zu bauen. Onkel Martini freute sich, wenn er die Beleuchtung dafür installieren durfte. So waren die beiden meist gut beschäftigt, aber sie sehnten sich nach Familienanschluss. Zuerst luden wir sie zu ihren Geburtstagen ein. Sie durften dann ein oder zwei Gäste ihrer Wahl mitnehmen. Dann wurde ihr Wunschessen gekocht und wir haben alle fröhlich zusammen gefeiert.

Später kamen sie mehrmals im Jahr von Freitag bis Sonntag zu uns, außerdem an den großen Feiertagen. Zwei unserer Kinder schliefen dann im 1. Stock, damit die beiden Besucher im Parterre bleiben konnten. In einem Jahr hatten die beiden eine Idee: „Wir möchten den Kindern ein Puppenhaus bauen!" Es wurden rasch Pläne gemacht und einige Tage vor Weihnachten wurde im Bastelraum eifrig gewerkelt. Die Kinder hatten keinen Zutritt und durften auch nicht am großen Kellerfenster lauern.

Mein Mann ging zu den beiden und gab ihnen alles, was sie an Werkzeug brauchten. Von unserem Hausbau waren noch Teppichreste vorhanden und kleine 2 cm große Kacheln. Das Puppenhaus bekam ein aufklappbares Dach und im 1. Stock auch mehrere Zimmerchen. Nun waren die drei Männer mit Freude und Eifer bei der Sache. Besonders die kleine Küche und das Badezimmer waren allerliebst. Das Puppenhaus wurde etwa 80 cm breit und 50 cm tief. Die winzigen Möbel kauften wir dazu. Onkel Martini investierte seinen ganzen Ehrgeiz da rein, die winzigen Lampen mit Kabeln an eine versteckte Batterie anzuschließen. Irgendwann war es dann fertig und ein wahres Prachtstück geworden!

Das war eine große Überraschung, als das Puppenhaus zu Weihnachten im Zimmer stand! Unsere Kinder hatten viele Jahre Freude daran und später, als sie groß waren, haben wir es an ein kleines Mädchen verschenkt. Durch alle diese Erlebnisse war unser Leben abwechslungsreich und gesegnet und gleichzeitig waren die einsamen Menschen erfreut und dankbar, in einer Familie zu sein.

Ingrid Kastirr ist seit 61 Jahren mit Horst verheiratet, und Mutter von vier Kindern. Früher hat sie als Diätassistentin gearbeitet, widmete sich dann jedoch intensiv ihrer Familie. Diätassistentin aufgegeben und war nur Hausfrau und Mutter und hat ihre Verwandten und Freunde im Alter gepflegt. Außerdem hat sie 40 Jahre in der Sonntagsschule, Jungschar und Kinderstunde mitgearbeitet. Als die eigenen Kinder erwachsen waren, sammelte und verschickte sie mit ihrem Mann Hilfsgüter für Bedürftige in armen Ländern. Jetzt leben die beiden im Seniorendorf Weltersbach.

Der Bärtige kommt

LILLI PENNER

◆————————◆

Ich bin wohlbehütet aufgewachsen. Meine Eltern nahmen ihren Glauben an Gott sehr ernst und gaben ihn mir und meinen Geschwistern weiter, indem sie mir das Gebet vor dem Schafengehen und den Mahlzeiten beibrachten und täglich klar zu ihrem Glauben standen und ihn vorlebten. Wir besuchten regelmäßig die Gottesdienste und meine Eltern sangen im Gemeindechor. Nicht nur meine Eltern waren gläubig, auch alle meine Onkel, Tanten, Omas und Opas. Von klein auf lernte ich also, dass der Glaube an Gott und seinen Sohn Jesus eine wichtige Sache ist.

Als junges Mädchen fand ich Weihnachten immer sehr spannend und aufregend. Mir kommt es heute so vor, als ob ich das wohl aufgeregteste Kind weit und breit war, wenn es um den Weihnachtsmann ging.

Denn obwohl ich von liebevollen, an Gott glaubenden Menschen umgeben war, wurde mir gleichzeitig die Überzeugung in die Wiege gelegt, dass es da auch noch einen ziemlich strengen, strafenden, Gedichte liebenden, jährlich wiederkommenden, mich mit Bonbons beschenkenden alten Mann gibt. So wurden mir, sobald ich einen Ton von mir geben konnte, Weihnachtsgedichte beigebracht.

Ich musste schließlich auf die Begegnung mit diesem Mann vorbereitet sein!

Und dieser bärtige, nicht gerade sympathische Kerl mit seiner tiefen Stimme kam. Und zwar jedes Jahr! Wenn es ein paar Wochen vor dem großen Fest draußen früh dunkel, die Luft kälter und die Jacke wärmer wurde, erwarteten wir Kinder die erste Begegnung mit dem Bärtigen. Allein der Gedanke an diese Begegnung erzeugte aufgeregtes Schmetterlingsgeflatter in meinem Bauch. Einerseits spürte ich Vorfreude, andererseits ein ängstliches Gefühl aufgrund der Befürchtung, nicht brav genug gewesen zu sein. Denn, so erzählte man mir, der Weihnachtsmann brachte nur denen Geschenke, die brav gewesen waren.

Jeden Freitagabend waren wir mit meinen Schwestern, Cousins und Cousinen bei meinen Großeltern väterlicherseits. Wir saßen gern mit Oma am Tisch in der gemütlichen Wohnküche und malten. Immer wieder spitzte sie die Buntstifte mit einem scharfen Küchenmesser an und benotete fleißig unsere Kunstwerke.

Wenn das Stillsitzen zu anstrengend wurde, nahm Opa sich Zeit, um mit uns „Blinde Kuh" zu spielen. Alle Kinder mussten sich die Augen verbinden, wenn sie dran und die „blinde Kuh" waren. Opa war eine Ausnahme. Sein linkes Auge konnte nicht so gut sehen. Deshalb hielt er sich einfach das bessere, rechte

Auge zu und marschierte mit einem weitausgestreckten Arm in unsere Richtung. Wir liefen umher und lachten ausgelassen. Er packte uns jedes Mal ziemlich schnell. Irgendwie konnte ich ihm deshalb nicht ganz glauben, dass er uns mit seinem linken Auge überhaupt nicht sehen konnte.

Und so war es auch wieder an einem Freitag kurz vor Weihnachten. Wir spielten ausgelassen „Blinde Kuh", und draußen war es bereits dunkel geworden.

Plötzlich klopfte es an dem kleinen Fenster im Abstellraum neben der Wohnküche. Wir zuckten zusammen und verstummten. Nur die dünne Gardine und die Glasscheibe trennten uns von dem Unbekannten. Es klopfte wieder, nun jedoch am Küchenfenster. Man konnte draußen niemanden sehen. Ich verkroch mich, gefolgt von den anderen Kindern, vor Schreck unter dem Tisch. An meinem Gesicht konnte man ablesen, dass ich mich nicht gut fühlte. Das Klopfen verstummte, als jemand das kleine Fenster einen Spalt öffnete.

Ich hörte die tiefe Stimme dieses unbekannten Mannes. Langsam kamen wir aus unserem Versteck gekrochen. Ganz nah am Fenster stand nun dieser mysteriöse Mann und zeigte uns seinen Stock. Auf Plattdeutsch (das war die Sprache, die wir in der Verwandtschaft meistens sprachen) fragte er: „Seid ihr alle gehorsam gewesen?" Ängstlich nickten wir und es kam ein leises Ja über unsere Lippen. Mit großen Augen und klopfenden Herzen warteten wir, was noch kommen würde.

„Habt ihr auch ein Gedicht gelernt?" Dass diese Frage kommen würde, wusste ich, denn meine Mutter hatte dafür gesorgt, dass ich eines auswendig konnte. Und so stellte ich mich gerade hin, setzte ein selbstbewusstes Gesicht auf und sagte mit schlotternden Knien mutig das Gedicht auf.

Da der Weihnachtsmann schon alt und schwerhörig war, musste ich meiner zittrigen Stimme mehr Lautstärke verleihen:

„Weihnacht ist es wieder
und wir freun uns sehr,
weil vom Himmel nieder
Christus kam, der Herr.

Engelschaaren künden
sein Erscheinen hier
und das Kindlein finden
in der Krippe wir.

Wie die Hirten fröhlich
suchen wir's geschwind.
Denn es macht uns selig,
dieses Jesuskind."

Geschafft! Es war alles sehr aufregend. Auch die anderen Kinder im Raum hatten Gedichte gelernt und sagten sie nacheinander auf. Sie waren alle jünger als ich.

Begleitet von lobenden Worten warf der vermummte Herr mehrere Süßigkeiten durch das kleine Fenster. Erleichtert liefen wir hin und sammelten die Leckereien ein. Süßigkeiten gab es nicht oft bei uns. Zu Weihnachten waren sie etwas ganz Besonderes für uns.

Diese Sache mit dem Weihnachtsmann verlief jedes Jahr ähnlich.

Eines Tages unterhielt ich mich mit meiner gleichaltrigen Nachbarin. Ich sprach aufgeregt über den Weihnachtsmann. Ohne Vorwarnung und sehr unsensibel berichtete sie mir von dem Stand ihrer Erkenntnis:

„Es gibt den Weihnachtsmann nicht!"

Ich war wie vor den Kopf gestoßen und konnte es erst mal nicht glauben. Immer wieder dachte ich über diesen Satz nach und fühlte mich hintergangen. Hatte man mich doch tatsächlich belogen! Und nicht irgendjemand hatte mich belogen. Nein! Meine Eltern, meine Großeltern und meine lieben Tanten und Onkel. Ich fühlte die Enttäuschung über diese neue Erkenntnis in mir hochsteigen.

Die komplette Spannung von Weihnachten verlief wie im Sand. Nachdem ich diesen neuen Gedanken in mir etwas länger kultiviert hatte, fand ich es doch ganz schön lustig, dass die kleineren Kinder noch an den Weihnachtsmann glaubten und begann, sie anzuflunkern. Genau wie die Erwachsenen es früher bei mir getan hatten, jagte ich nun den armen, kleinen Kindern Angst ein und freute mich riesig, wenn sie mir die Sache mit dem Weihnachtsmann glaubten.

Als Jahre später unsere eigenen Kinder zur Welt kamen und wir als Familie eigene Rituale einführten, brachte ich es nicht übers Herz, sie ebenfalls hinters Licht zu führen. Mein Herz stand nicht mehr hinter der Tradition meiner Vorfahren. Unsere Kinder wussten von Anfang an, dass die Geschenke von uns kamen, nicht vom Weihnachtsmann!

Ob sie gehorsam gewesen waren oder nicht, spielte keine Rolle, denn Jesus ist für alle gekommen – ohne Ansehen der Person.

Das Erlernen einiger Gedichte haben wir als Tradition jedoch für eine Zeit lang beibehalten. Jedes Jahr durchsuchte ich das Internet nach schönen Versen. Sie sollten nicht zu alte Worte beinhalten, denn unsere Kinder sollten zumindest verstehen, was sie da auswendig lernten. Einmal wurde ich des Suchens überdrüssig und dachte mir: *Ich schreibe einfach selbst etwas!* Dabei ist das folgende Gedicht entstanden und wurde von unseren zwei ältesten Söhnen, als sie noch klein waren, tatsächlich vorgetragen. Auch meine Neffen und Nichten haben dieses Gedicht auswendig lernen dürfen.

Heute feiern wir Weihnachten,
ein großes Fest der Freude.
Wir freuen uns und singen laut.
Gott selbst kam auf die Erde.

Er machte sich für uns ganz klein,
der Schöpfer allen Lebens.
Der Herr und Retter dieser Welt,
hat sich uns ganz gegeben.

Gott hatte sein Liebstes für diese Welt gegeben: seinen Sohn! Wie gut, dass Jesus Liebe, Frieden, Freude, Hoffnung und das Leben in Fülle gebracht hat. Diese Aufzählung hat sehr wenig mit dem Weihnachtsmann zu tun, von dem ich berichtet habe. Die Freude, die ich empfand, nachdem ich erleichtert die Süßigkeiten eingesammelt hatte, ist mit der wahren Freude, die Jesus schenkt, nicht zu vergleichen. Er selbst ist das größte Geschenk für die Welt, für alle Menschen, für mich! Bei ihm muss ich nicht brav gewesen sein, um etwas zu erhalten. Er gab sich für mich hin, noch bevor ich brav sein konnte. Er gab sich für mich hin, als ich noch selbstsüchtig und lieblos war.

Gott, unser Vater, hält der Welt seine Arme weit ausgebreitet entgegen und ruft jedem Menschen persönlich zu: „ICH LIEBE DICH!" Diese kostbare Wahrheit hat sich tief in mein Herz gebrannt, und ich bin so dankbar, dass Jesus diese Liebe Gottes sichtbar gemacht hat.

Er, der Retter ist da!

Er ändert sich nicht und bringt auch heute noch Licht ins Dunkel, Freude statt Trauer, Befreiung statt Gefangenschaft, Hoffnung statt Hoffnungslosigkeit und Liebe statt Hass.

Ach, diese Liebe! Sie übersteigt meinen Verstand.

Keine Angst und keine Sorge können in Konfrontation mit dieser Liebe standhalten. Ob ich ungehorsam bin oder nicht, diese Liebe, dieser Vater steht treu zu mir und begegnet mir durch seinen Sohn Jesus Christus auf Augenhöhe. Er beschenkt mich einfach aus Liebe!

Staunend falle ich vor dem König der Könige nieder und bete ihn an. Er ist es würdig. Nur Er!

Lilli Penner ist verheiratet, Mutter von vier Kindern, zurzeit pädagogische Hilfskraft in einer Grundschule und schreibt gern und regelmäßig tiefgründige Gedanken und Gedichte auf.

Mein wunderbarstes Weihnachtsgeschenk

GABRIELE EMSER

＋

Der Lichterglanz vom Weihnachtsbaum und das gemeinsame Weihnachtsliedersingen waren für mich als Kind an Weihnachten wichtiger als Geschenke. Meine ersten Erinnerungen an dieses große Fest sind die Kerzen am Weihnachtsbaum meiner Oma. Denn an ihrem Baum waren echte Kerzen angebracht, keine elektrischen wie in meinem Elternhaus. Und während ich im ansonsten völlig dunklen Wohnzimmer die Kerzen leuchten sah, wurde „Stille Nacht, Heilige Nacht" angestimmt. Daran erinnere ich mich auch noch.

Es müssen die Brüder meines Vaters gewesen sein, die das Lied gesungen haben, denn ich kann mich nur an Männerstimmen erinnern. Für mich ist dieses Weihnachtslied untrennbar mit dem Weihnachtsfest verbunden, auch wenn ich viele andere schöne Weihnachtslieder kenne. Ein Heiligabend ohne „Stille Nacht, Heilige Nacht" ist für mich undenkbar.

Natürlich freute ich mich als Kind auch auf die Geschenke. Besonders gut kann ich mich noch daran erinnern, dass meine Lieblingspuppe und ich an Weihnachten über mehrere Jahre hinweg immer die gleichen neuen Kleider bekamen, damit wir im „Partnerlook" gehen konnten. So verschwand meine Puppe immer ein oder zwei Wochen vor Weihnachten und saß dann mit einem neuen Outfit an Heiligabend auf dem Gabentisch. Und das gleiche Outfit lag in meiner Größe daneben. So fühlte ich mich meiner Lieblingspuppe noch mehr verbunden.

Doch die Geschenke waren trotzdem nie so wichtig für mich. Vielleicht lag es auch daran, dass ich knapp eine Woche nach Weihnachten Geburtstag habe und ich dann wieder mit Geschenken rechnen durfte. Genau weiß ich es nicht. Für mich war jedenfalls die Vorfreude entscheidend, das Singen der Weihnachtslieder, der Lichterglanz und die beleuchtete Krippe. Als ich etwas älter wurde und lesen konnte, war es mir auch wichtig, dass die Weihnachtsgeschichte vorgelesen wurde. Wir hatten zwar keine Bibel, aber die Weihnachtsgeschichte schon. Und so durfte ich sie auch ab und zu vorlesen. Dann sangen wir noch ein paar Weihnachtslieder, bevor die Geschenke verteilt wurden.

Als ich 13 Jahre alt war, konnte ich mich zum ersten Mal nicht wie sonst auf Weihnachten freuen. Das lag daran, dass ich bereits als Kind Neurodermitis hatte und in diesem Jahr sehr darunter litt. Der Ausschlag war damals im Gesicht besonders schlimm, und ich wollte an manchen Tagen nicht in den Spiegel schauen, weil mir ein meiner Meinung nach hässliches und verunstaltetes Gesicht entgegenblicken würde. In der Schule wurde ich deswegen ab und zu gehänselt, was die ganze Situation noch verschlimmerte. In einem Alter, in dem man schön sein möchte, hätte ich mich lieber versteckt und dachte hin und wieder sogar an Selbstmord.

Als ich nachts aufgrund des unerträglichen Juckreizes nicht mehr schlafen konnte und dadurch tagsüber völlig erschöpft und unkonzentriert war, beschloss meine Mutter, dass ich nicht mehr zur Schule gehen sollte. Da es ohnehin nur noch wenige Tage bis zu den Weihnachtsferien waren, würde ich auch nicht viel verpassen. Also blieb ich morgens im Bett liegen, weil ich in den frühen Morgenstunden noch am ehesten etwas schlafen konnte.

Eines Morgens bekam ich am späten Vormittag Besuch von meiner Oma, als ich immer noch nicht aufgestanden war. Ich traute meinen Ohren nicht, als ich ihre Stimme hörte. Sie hatte mich noch nie besucht. Ich wunderte mich sehr. „Was will die denn?“, fragte ich mich überrascht. Ich hatte keine besonders gute Beziehung zu ihr, weil sie meistens etwas herrisch und fordernd mir gegenüber war.

„Die schaut mich ja gar nicht an“, sagte sie auch gleich in harschem Tonfall.

„Sie kann die Augen morgens nicht gleich öffnen, weil ihre Haut so trocken ist“, erklärte ihr meine Mutter, die mitgekommen war, während ich auf meinem Nachttisch nach meiner Vaseline-Salbe tastete. Erst nachdem ich mir etwas Vaseline um die Augen gerieben hatte, konnte ich sie öffnen.

„Ich habe gehört, dass du krank bist", erklärte mir meine Oma nun mit etwas weicherer Stimme. „Ich habe dir etwas mitgebracht." Sie hielt mir ein kleines Fläschchen in Form einer Madonna-Statue hin. „Da ist ein Wunderwasser drin. Meine Freundin Elli hat es mir vor Jahren geschenkt. Ich habe es bis jetzt nicht gebraucht und nun kannst du es haben."

Etwas ungläubig beäugte ich das Fläschchen. „Wenn du das Wasser auf deine Haut machst, wirst du vielleicht gesund", meinte meine Oma weiter. Ich war katholisch erzogen worden und ich wusste, dass es einen lieben Gott gab, und einige Geschichten über Jesus kannte ich auch, aber die Sache mit dem Wunderwasser wollte ich nun doch nicht glauben. Aber irgendwie wusste ich, dass der Besuch meiner Oma etwas Besonderes war. Das Wissen, dass sie mir gerade etwas schenkte, das sie selbst Jahre zuvor von ihrer inzwischen bereits verstorbenen Freundin bekommen hatte, berührte mich.

Etwas hoffnungsvoller stieg ich an diesem Morgen aus dem Bett. Meine Mutter, die sich über den Besuch genauso wunderte wie ich, und ich beäugten das Fläschchen immer wieder und wussten nicht so recht, was wir damit anfangen sollten. „Na, ja", sagte sie Stunden später. „Wir können es ja mal probieren. Schaden kann es ja nicht." Also nahm sie einen Wattebausch und tröpfelte etwas von dem Inhalt darauf. Danach betupfte sie mein Gesicht damit. Nichts passierte. Auch als sie geduldig immer mehr von dem Wasser auf mein Gesicht tupfte, passierte nichts. Und auf einmal wussten wir beide, ohne dass wir darüber geredet hatten, was wir tun mussten: Wir beteten zu Gott und baten *ihn* um Heilung. Und während das Fläschchen langsam leer wurde, wurde unser Gebet immer hoffnungsvoller. Ich versprach Gott, dass ich von jetzt an jeden Tag zu ihm beten würde, wenn er mich heilen würde.

Am Tag darauf wiederholten wir unsere Gebete und am dritten Tag war die Haut in meinem Gesicht vollständig geheilt. Ich schaute voller Freude in den Spiegel und strich mir immer und immer wieder sanft über mein Gesicht. Die Haut war so zart und glatt wie die eines kleinen Babys. Es gab keine Wunde oder zerkratzte Stelle mehr. Keine Narben oder Runzeln. Nichts. An meinem Körper hatte ich zwar noch Ausschlag, aber nicht mehr im Gesicht. Ich staunte nur so über dieses Wunder, das Gott an mir getan hatte. Drei Tage vor Heiligabend durfte ich diese wundersame Heilung erleben. Das war das herrlichste Weihnachtsgeschenk in meinem ganzen Leben!

Doch was war mit meinem Versprechen, das ich Gott gegeben hatte? Schließlich hatte ich ihm zugesichert, dass ich jeden Tag zu ihm beten würde, wenn er mich heilen würde. Er hatte sein Versprechen eingehalten. Nun musste ich meines auch einhalten. Also betete ich abends im Bett ein kleines, selbst formuliertes Gebet. Jahrelang hatte ich nur vorformulierte Gebete gekannt, doch ein paar Monate zuvor hatte ich vom Pfarrer im Ort erfahren, dass man zu Gott auch mit eigenen Worten reden kann. Das half mir nun, mein Versprechen einzulösen.

So sprach ich zum Beispiel ein kurzes Dankgebet für den hinter mir liegenden Tag. Oder ich bat um eine gute Nacht, um Schutz oder Gesundheit, wenn ich mal wieder krank war. Und das war ich häufig. Wenn ich am Abend das Gebet vergessen hatte, dann wachte ich manchmal in der Nacht auf und erinnerte mich, dass ich noch nicht gebetet hatte und holte das Versäumte schnell nach. Viele Jahre später wurde mir klar, dass dieses Erinnern ein liebevolles „Sich-mir-zuwenden" von Gott gewesen war. Denn all die Jahre waren diese kurzen Gebete mein einziger Kontakt zu Gott gewesen. Doch er wartete geduldig auf mich.

Erst mit 38 Jahren durfte ich diesen liebenden und geduldigen Gott richtig kennenlernen. Durch seinen Sohn Jesus Christus begegnete er mir ganz persönlich und nahm mir all meine Schuld. In einem etwas längeren, aber auch sehr ehrlichen Gebet bat ich Jesus, in mein Leben zu kommen. Dieses Gebet fand ebenfalls in der Vorweihnachtszeit statt. Und seit diesem Augenblick kann ich Weihnachten ganz anders feiern als all die Jahre zuvor. Ich weiß nun, dass Gott mir ein noch viel größeres Geschenk gemacht hat als damals mit 13 Jahren. Er hat sich mir selbst geschenkt durch seinen Sohn Jesus, dessen Geburtstag wir an Weihnachten feiern. An Weihnachten ist es schön, mit der Familie zusammen zu sein, sich Geschenke zu geben, den Lichterglanz zu genießen und Weihnachtslieder zu singen. Doch das Wichtigste an Weihnachten ist Jesus.

Gabriele Emser lebt mit ihrer Familie im ländlichen Südhessen direkt am schönen Rhein. Sie ist Erzieherin und Fortbildnerin

und liebt es, in ihrer Freizeit zu lesen und Geschichten auf-
zuschreiben, die sie mit Gott erlebt hat. Zudem ist sie gern als
Laienpredigerin unterwegs und engagiert sich in ihrer Freikirche
in der Frauenarbeit.

Advent und Weihnachten ist wie ein Schlüsselloch,
durch das auf unsrem dunklen Erdenweg
ein Schein aus der Heimat fällt.

Friedrich von Bodelschwingh

KAPITEL 4

Weihnachten – anders als geplant

Die (Wah)re Weihnacht

NADINE NEUMANN

◆

2021 hatten wir das Bedürfnis, „Danke" zu sagen. Nicht weil es ein einfaches Jahr gewesen war. Ganz und gar nicht. Corona tobte immer noch, wir waren mit der Renovierung unseres Hauses beschäftigt, dazu kamen ein Umzug und gesundheitliche Probleme. Nein, leicht war es nicht gewesen. Und doch: Wir hatten sehr viel Segen und Bewahrung erlebt: Wir blieben von Corona verschont, mit der Renovierung und dem Umzug klappte trotz Baustoffmangel alles wie geplant, wir konnten unsere verschobene Hochzeit endlich nachholen und für die gesundheitlichen Sorgen gab es kleine Lösungen.

Obwohl wir durch die Hausrenovierung und die Hochzeit selbst sehr hohe Ausgaben in diesem Jahr gehabt hatten, wollten wir unsere Dankbarkeit für die Führung und Bewahrung, die uns 2021 zuteilgeworden war, mit einer großzügigen Spende zum Ausdruck bringen. Zum Jahresende beschäftigten wir uns viel mit dem biblischen Thema „Saat säen". Der Vers „Und Isaak säte in dem Lande und erntete desselben Jahres hundertfältig;

denn der Herr segnete ihn" aus 1. Mose 26,12 begegnete uns mehrfach. Nicht nur die Ernte Isaaks beeindruckte uns, sondern vor allem, dass er die dafür notwendige Saat in einer Zeit der Hungersnot (vgl. 1. Mose 26,1) gesät hatte. Und Gott belohnte dieses Vertrauen nicht nur einfach, sondern hundertfach und sogar noch im selben Jahr!

Wir überlegten uns, wem wir die Spende zukommen lassen würden. Anfang Dezember 2021 las ich auf *Instagram* von einer Aktion, bei der eine Bloggerin ihre Abonnenten dazu aufforderte, Weihnachtswünsche an sie zu übermitteln, wenn sie finanzielle Probleme hätten. Sie würde dann zehn dieser Wünsche erfüllen. Die Resonanz war überwältigend: Über 2000 Menschen kommentierten den Beitrag.

Zu meinem Entsetzen stellte ich fest, dass sich überdurchschnittlich viele Menschen einfach nur einen Gutschein für Lebensmittel wünschten, um sich endlich mal ein schönes Weihnachtsessen leisten zu können. Natürlich wusste ich, dass es auch in Deutschland Armut gibt, trotzdem rührte es mich zu Tränen, plötzlich davon so unmittelbar und häufig zu lesen. Und da kam er mir wieder, der Gedanke zu dem Thema „Saat säen".

Wir beschlossen, dieses Jahr nicht nochmals an eine große gemeinnützige Organisation zu spenden, sondern direkt an einzelne Privatpersonen. Da die Abonnenten unter dem Textbeitrag sich schon untereinander vernetzt und ausgeholfen hatten, suchten wir uns ein gemeinnütziges Portal, das Spendenwünsche und Spender zusammenbrachte.

Durch den Filter „Essen" wurden uns nur die Wünsche angezeigt, bei denen es sich um Lebensmittelgutscheine handelte. Wir waren schnell überfordert. Es waren beinahe hundert. Wie sollten wir bei dieser Menge die richtigen Menschen auswählen? Wir konnten leider nicht allen Gutes tun. Also beschlossen wir, den Heiligen Geist zurate zu ziehen, damit er uns zeigen würde, wem wir helfen sollten.

Schnell kristallisierten sich Menschen mit gesundheitlichen Problemen sowie Familien mit benachteiligten Kindern als unsere „Zielgruppe" heraus. Wir schrieben die Namen auf und hatten am Ende genau die Anzahl an Personen beisammen, die wir vor der Auswahl festgelegt hatten. Wenn das kein Zeichen war!

Da wir bei einigen Essenswünschen zusätzlich eine gewisse Einsamkeit herausgelesen hatten, entschieden wir uns, den Gutscheinen noch eine handgeschriebene Weihnachtskarte sowie ein Kärtchen mit einem ermutigenden Bibelvers beizulegen.

Bei der Verfassung der Texte ließen wir uns wieder vom Heiligen Geist leiten. Wir kannten diese Menschen nicht, aber wir vertrauten darauf, dass wir jedem genau das schreiben würden, was in seiner Situation richtig und wichtig für ihn war. Auch wenn jede Karte ein Unikat war, war es uns doch ein Bedürfnis, jedes Mal den Vers „Du bist ein Gott, der mich sieht" (1. Mose 16,13) zu zitieren. Denn geht es nicht gerade darum an Weihnachten? Von Gott gesehen und getröstet zu werden, egal in welcher Situation man sich gerade befindet?

Man könnte nun einwenden, dass sich unter diejenigen, die solche Wünsche äußern, möglicherweise Menschen schmuggeln, die eigentlich gar nicht bedürftig sind und die die Gutmütigkeit anderer nur ausnutzen. Sicherlich, wir haben auch kurz darüber nachgedacht, aber es schnell wieder verworfen.

Denn wenn wir keinem helfen würden, weil wir Angst davor haben, dass unsere Hilfsbereitschaft missbraucht wird, würde niemandem geholfen sein. Und vielleicht benötigte jemand zwar nicht zwingend unser Geld, wohl aber den Text, der auf der Karte stand?

Wir klickten auf „Wunsch erfüllen" und erhielten die Adressen unserer Spendenempfänger. Die Rückmeldungen bestärkten uns darin, dass wir das Richtige getan hatten. Ausnahmslos alle bedankten sich und waren überglücklich. Einige hatten gar nicht damit gerechnet, dass eine fremde Person ihnen tatsächlich einen Wunsch erfüllen möchte.

Beschwingt besorgten wir die Gutscheine und Karten und erlebten, dass Geben tatsächlich seliger als das Nehmen ist. Es bereitete uns solche Freude, diesen Menschen zu helfen. Weil wir wussten, wie sehr es geschätzt wird.

80 Prozent unserer Spendenempfänger bedankten sich im Nachgang für die Gutscheine. Und mehr noch: Die meisten segneten uns und wünschten uns Gesundheit fürs neue Jahr, was ein sehr wichtiger Punkt in unserem Leben ist. Eine Empfängerin schrieb auch, dass der Bibelvers sie sehr berührt hätte. Was also ist der Sinn von Weihnachten? 2021 erkannten wir, dass Weihnachten kein Fest der Ware ist, sondern der Wahrheit.

Und die Wahrheit ist, dass ein Kind nackt und hilflos zur Welt kam, um uns zu retten. Es kam zuerst zu den Ärmsten, den Hirten. Nicht zu den Königen, die alles im Überfluss haben. Es erwartete keine Geschenke, sondern segnete jeden, der sich zu ihm auf den Weg gemacht hatte. Keiner von seinen Besuchern wird je vergessen haben, was er damals in diesem kleinen, dunklen Stall erlebt hatte. Und das lag sicherlich nicht an überbordenden Geschenkebergen, sondern an der ganz besonderen Atmosphäre, am fröhlichen Beisammensein – und an der Gelegenheit, den zu feiern, der geboren wurde, um Licht in diese Welt zu bringen und für unsere Sünden zu sterben. Denjenigen, der sich selbst an uns verschenkt hat: Jesus Christus.

Ich wünsche mir, dass wir wieder mehr zum Kern von Weihnachten zurückkehren und nicht nach Geschenkebergen Ausschau halten, sondern nach bedürftigen Menschen, die wir beschenken können. Die Freude des Beschenkten ist unbezahlbar und scheint tausendfach auf den Schenkenden zurück.

Wir durften es selbst erleben und es hat uns in gewisser Weise ganz nah zu dem Kind im Stall gebracht. Vielleicht ist es dieses Jahr auch bei dir dran?

Müssen es unbedingt Lebensmittelgutscheine sein? Nein. Für uns hat es sich im vergangenen Jahr richtig angefühlt, diese zu verschenken. Aber vielleicht erfüllen wir dieses Weihnachten auch Wünsche von Kindern, die nie etwas zu Weihnachten bekommen, weil ihre Eltern es sich einfach nicht leisten können. Was spräche dagegen, hier die eigenen Kinder einzubeziehen und mit ihnen gemeinsam ein Geschenk für ein solches

Kind zu besorgen? Dieses Kind wird sich sein Leben lang daran erinnern und erkennen, dass es geliebt und gesehen wird. Von anderen Menschen, aber mehr noch von Gott. Und die eigenen Kinder erfahren eine wichtige Botschaft aus erster Hand: Die Liebe allein versteht das Geheimnis, andere zu beschenken und dabei selbst reich zu werden[*].

Vielleicht schreiben wir auch Postkarten an Menschen, die sich an Weihnachten einsam fühlen. Ganz altmodisch, von Hand. Denn handgeschriebene Postkarten zeigen immer noch am besten: *Du bist mir wichtig, für dich habe ich mir Zeit genommen.*

Wir werden uns einfach wieder vom Heiligen Geist leiten lassen und ihn bitten, dass er uns zeigt, wo wir im Namen Gottes ein bisschen Licht verbreiten können. Denn Dunkelheit gibt es überall, auch mitten in Deutschland. Und überall dort möchte das Licht der Welt durch uns scheinen. Das ist die wahre Weihnacht.

Nadine Neumann liest Bücher mindestens so gerne, wie sie Texte verfasst, die von Gottes Wundern erzählen.

---

[*] Zitat von Clemens von Brentano.

Weihnachten in Bethlehem

SIGRID LANG

◆———————◆

Aufgrund meiner Tätigkeit im Israel-Laden „En-Gedi" war ich sehr mit diesem Land, den Leuten und deren Kultur verbunden. In dieser Zeit entdeckte ich mehr und mehr die jüdischen Wurzeln meines christlichen Glaubens und fand es überaus spannend und lehrreich, mich mit ihnen auseinanderzusetzen. Meine Intention bestand u. a. darin, die neu gewonnenen Erkenntnisse weiterzugeben. Daher schlug ich meiner Familie vor, die Gestaltung des bevorstehenden Weihnachtsfestes wieder etwas mehr an dessen Ursprung zu orientieren.

Das hatte allerdings zur Folge, dass wir in diesem Jahr auf einen Weihnachtsbaum verzichten wollten. Diese Entscheidung erzeugte bei den Kindern eine heftige Protestwelle, die meine volle Überzeugungskunst herausforderte.

Also gab ich nicht gleich auf und erklärte mit Engelszungen, welche Weihnachtsbeleuchtung ich mir diesmal vorstellte und wie reizvoll es doch wäre, einmal das Fest ganz anders zu umrahmen, um auch das jüdische Jesuskind zu entdecken.

Nach anfänglichem Zögern fassten wir gemeinsam den Mut, es zu wagen und die lieb gewonnene Tradition einmal zu brechen.

Mut war auch deswegen erforderlich, weil auch seitens der Verwandtschaft sowie aus unserem Freundeskreis Protestwellen auf uns zurollten, die uns und unsere Kinder verunsicherten. Tapfer trugen wir dennoch unsere Ideen zusammen, wie wir uns die Gestaltung unserer diesjährigen Weihnachtskulisse vorstellten.

Das hatte zur Folge, dass wir alle, im Rahmen unserer Fähigkeiten, viel zu tun hatten und unsere Gedanken auf die Umsetzung unserer Ideen und nicht mehr auf die Widerstände lenken konnten.

Mein Mann sägte aus dickem Holz die landestypischen Palmen, die die Kinder später in sattem Grün anmalten, woran sie große Freude hatten. Für den Sternenhimmel färbte ich ein großes Stück Stoff nachtblau und schnitt viele kleine Löcher hinein, um Lämpchen durchstecken zu können.

Ein israelisches Reisebüro lieferte uns ein Riesenposter mit einem Ausschnitt der Stadt Bethlehem. Unsere gemeinsamen Spaziergänge entpuppten sich zu einer Art Schatzsuche, denn wir sammelten dabei alle möglichen Naturmaterialien wie Steine, Holz und Moos.

Als Projektabschluss bastelte mein Mann mit den Kindern aus Gips eine Grotte und stattete sie mit einem kleinen Licht aus, das wie eine Stalllampe wirkte. Die Krippenfiguren befanden sich bereits in unserem Besitz und erhielten als Ergänzung

Kamele aus Olivenholz, die eine liebe Tante aus dem Urlaub mitgebracht hatte und die nun endlich einen Zweck erfüllen konnten.

Als der Heilige Abend kam, lag dann doch etwas Anspannung in der Luft, da wir uns alle fragten, ob auch in diesem Jahr ohne den Weihnachtsbaum eine weihnachtliche Stimmung aufkommen würde. Traditionell wünschten sich die Kinder, dass wir als Eltern allein das Weihnachtszimmer dekorieren sollten. Diesem Wunsch wollten wir nicht im Wege stehen und so gestalteten mein Mann und ich mit großer Liebe und Hingabe die israelische Kulisse.

Der gespannte Stoff mit den darin angebrachten Lämpchen war sofort als Nachthimmel über Bethlehem erkennbar. Ein großer gelber Papierstern vervollständigte die Illumination. An der Wand diente das Poster als Silhouette der Geburtsstadt Bethlehem und die Grotte, gefüllt und umgeben von Naturmaterialien, beherbergte die jüdische Heilige Familie mit Jeschuah, unserm Erlöser und Messias, in der Krippe.

Eine Tradition nahmen wir dennoch auf und stellten Ochs und Esel mit hinein, obwohl diese Tiere in der biblischen Weihnachtsgeschichte nicht erwähnt werden. Diese Freiheit gönnten wir uns mit einem Schmunzeln.

Sowohl die Palmen als auch die Kamele sowie alle Schafe und ihre Hirten standen verteilt um die Grotte zwischen den Steinen, Ästen und dem Moos. Nur allzu gut konnten wir in unserer Vorstellung die damalige Atmosphäre erahnen.

Mein Mann und ich hatten große Freude, ein Stück Israel in

unser Wohnzimmer gebracht zu haben. Als dann die Kinder bei einsetzender Dunkelheit das Wohnzimmer betraten, waren sie von dem ungewöhnlichen Weihnachtsarrangement sehr angetan und der jährlich einmalige Heiligabendglanz strahlte in ihren Augen. Dankbar nahmen wir den Erfolg dieses Experiments in unseren Herzen auf.

Sigrid Lang gründete den Israel-Laden „En Gedi" und leitete ihn zehn Jahre lang. Sie ist verheiratet, Mutter von vier erwachsenen Kindern und sechsfache Großmutter. Sie lebt mit ihrem Mann in Würzburg und ist ehrenamtlich in der Seelsorge aktiv. Auf ihrem Blog vermehrung.wordpress.com teilt sie Geschichten aus ihrem Leben.

Heilige an Weihnachten

SONJA KILIAN

———◆———

Jedes Jahr sorgte meine Mutter an Weihnachten für einen üppigen Schmaus für die ganze Familie, den wir an einer festlich gedeckten Tafel genießen durften. Es gab nie Hektik und trotzdem immer einen perfekt gedeckten Tisch, beladen mit den leckersten Speisen. Im Mittelpunkt stand der rosarote Braten, dessen Duft uns schon verheißungsvoll im Hausflur empfing, wenn wir am späten Nachmittag vom Weihnachtsgottesdienst zurückkamen.

Als ich von meiner Heimat in Süddeutschland nach Hessen zog, verbrachte ich weiterhin jedes Weihnachtsfest bei meinen Eltern. Das blieb auch so, als ich heiratete. Einmal waren meine Eltern jedoch über Weihnachten verreist – zu unserem großen Bedauern.

Mir wurde klar, dass jetzt die Verantwortung bei mir lag. Ich musste ein Weihnachtsfest organisieren, das so schön sein würde wie das bei meinen Eltern. Welche Herausforderung! Ob mir das wohl gelingen würde?

Der Heiligabend war folgendermaßen geplant: Die ganze Familie, einschließlich meiner Schwiegereltern, würde nachmittags am Gottesdienst teilnehmen. Abends würden wir dann bei uns zu Hause essen. Und ich war für das Essen verantwortlich. Während des Gottesdienstes sollte der Braten schon im Ofen schmoren, sodass wir gemütlich essen könnten, wenn wir von der Kirche nach Hause kämen. Die Bescherung war für nach dem Essen vorgesehen – bei Kerzenschein und Plätzchen und einem liebevoll geschmückten Weihnachtsbaum.

Nun sitze ich also in der ersten Reihe der festlich beleuchteten Kirche. Zu Hause habe ich alles hergerichtet, und ich freue mich auf den Gottesdienst. Unsere beiden Töchter, die sechsjährige Finja und die dreijährige Amanda, machen beim Krippenspiel mit. Zwischendurch habe ich Texte zu lesen und mein Mann ist für das gemeinsame Sprechen des Vaterunsers verantwortlich. Die Gottesdienstbesucher strömen in die Kirche. Die Kinder sind aufgeregt. Ich bin in sehr feierlicher Stimmung, als die Glocken zu läuten beginnen.

Genau in diesem Moment fällt mir ein, dass ich vergessen habe, den Braten in den Ofen zu schieben! Ich bekomme schlagartig einen Schweißausbruch, und mir wird so heiß, dass ich den Braten nur noch zu umarmen bräuchte. Er hätte gewiss schnell eine gute Ausgangstemperatur für den weiteren Bratvorgang. Doch leider ist der Braten nicht greifbar. Ich sehe ihn förmlich vor mir, aber ich kann nichts tun, außer mich auf den Gottesdienst zu konzentrieren. Schließlich bin ich für einige Programmpunkte verantwortlich.

Der Gottesdienst läuft wie geplant. Beim letzten Amen und beim ersten Glockenschlag rase ich aus der Kirche zu uns nach Hause. Wir wohnen Gott sei Dank nur ein paar Häuser weiter. Ich springe die Treppen hinauf zur Haustür, renne in die Küche, hole den Braten aus dem Kühlschrank und werfe ihn in den Ofen. Danach jogge ich zurück zur Kirche, um den Kindern aus den Kostümen zu helfen und die Kirche aufzuräumen.

Meinen Mann habe ich schon im Gottesdienst flüsternd über die herannahende Katastrophe informiert. Zu Hause beichte ich die Sache meinen Schwiegereltern. Es ist mir schrecklich unangenehm. Ich wollte doch so ein schönes Weihnachtsessen organisieren! Es sollte fast so gemütlich und gut organisiert sein wie bei meiner Mutter. Davon ist es nun allerdings weit entfernt. Meine Schwiegermutter macht mir keine Vorwürfe, auch sonst niemand, nur ich selbst.

Während ich allein in der Küche werkele, kommt meine Tochter mit einer neuen Gitarre zu mir. Das ist ihr Weihnachtsgeschenk von Oma und Opa. Ich kann es nicht fassen! Ist meine Familie etwa schon dabei, die Geschenke auszupacken? Ohne mich? Noch vor dem Essen? Ich frage meine Schwiegermutter, was das soll. Da es mit dem Essen ja noch so lange dauern würde, hat man eben einen Teil der Bescherung schon vorgezogen, so lautet die Erklärung. Mein geduldiger Mann schafft es, mich zu beruhigen. Die restlichen Weihnachtsgeschenke bleiben vorerst verpackt, und irgendwann ist auch der Braten fertig. Ich kann wieder durchatmen.

Am ersten Weihnachtsfeiertag sitzen wir wieder in der vordersten Kirchenbank. Ich fühle mich fromm und friedlich. Neben mir liegt meine silberglänzende Querflöte. Zum ersten Mal spiele ich im Gottesdienst ein Instrument. Es klappt gut und ich bin zufrieden mit mir.

In der Predigt geht es dann um Gnade. „Klar, Weihnachten ist ein Fest, an dem wir uns an der Gnade Gottes freuen", denke ich. „Jesus kam auf die Welt, um uns zu retten." Und plötzlich wird mir klar, warum Jesus auch mich persönlich retten musste: Ich werde gerecht durch das, was Jesus Christus für mich getan hat. Aus Gnade. Ganz und gar unverdient. So steht es in der Bibel: „Denn alle haben gesündigt, … und dass sie für gerecht erklärt werden, beruht auf seiner Gnade. Es ist sein freies Geschenk aufgrund der Erlösung durch Jesus Christus" (Römer 3,23–24).

Ich muss nicht perfekt sein. Selbst wenn heute – im Gegensatz zu gestern – alles klappt, bin ich auf Gnade angewiesen, weil ich immer wieder Fehler mache. Ich spüre Freude in mir aufsteigen. Ein Friede erfüllt mich, der viel tiefer ist als die Befriedigung, die ich verspüre, wenn mir etwas gelingt. Ich darf ich selbst sein. Angenommen und geliebt. Egal, ob der Braten rechtzeitig fertig ist oder nicht!

Sonja Kilian arbeitet bei ERF Medien als Redakteurin im internationalen Bereich. Sie liebt ihre eigene kleine Familie und die weltweite Gemeinschaft aller Christen. Außerdem berichtet sie gern aus ihrem Leben mit ihrem Mann, zwei Töchtern und einem Border Collie Mischling. Wenn aus ihrem eigenen Alltag alles erzählt ist, schreibt sie am liebsten spannende Biografien mutiger Frauen auf.

Trockene Füße

SARAH DENT

———•———

Es ist ein gewöhnlicher Mittwochmorgen in der Adventszeit. Meine Kinder sind bereits in der Schule und im Kindergarten, mein Mann auf dem Weg ins Büro, und ich möchte, bevor ich mich an meine Arbeit im Homeoffice setze, ein wenig spazieren gehen. In der Nacht hat es geschneit, und ich sehne mich nach ein paar leisen Momenten auf der mit Neuschnee eingezuckerten Waldlichtung.

Durch den tiefen Schnee führen Spuren. Jemand muss hier bereits vor mir gegangen sein an diesem frühen Morgen. Die Person schien genau den Weg gewählt zu haben, den auch ich vor mir habe. Es ist nass und kalt. „Warum", frage ich mich in Gedanken, „gehe ich nicht einfach in den Spuren, die schon da sind, dann behalte ich trockene Füße und komme am Ende mit weniger Anstrengung an meinem Ziel an?"

Im ersten Moment fühlt sich dieses Gedanke sehr gut an, doch mein Ego fordert mich gedanklich natürlich gleich wieder heraus. Es lässt Stimmen in meinem Kopf laut werden wie

„Du musst deine eigenen Wege gehen!", „Du machst es dir zu einfach!" und „Denke an das Erfolgsgefühl!"

Doch ich entscheide mich, in den Spuren des anderen zu gehen. Wer auch immer es war, der hier vor mir gegangen ist, er oder sie hatte den gleichen Weg im Sinn. Es fühlt sich leicht an, meine Füße haben genug Platz, sie bleiben trocken, werden nur ein wenig kalt. Natürlich, es ist ja auch Winter. Nun, da meine Schritte leicht vorangehen, habe ich Zeit, meinen Gedanken nachzuhängen.

Ist es im Leben nicht genauso? Stehen wir nicht manchmal vor Wegen, bei denen wir uns wünschten, jemand anderes wäre sie bereits vor uns gegangen?

Ich denke dabei an meine Freundinnen, an meine Eltern, Menschen mit Lebenserfahrung, an Bücher, die ich in letzter Zeit gelesen habe, und an Jesus. Von ihm heißt es, dass er alles, was wir erleben, bereits vor uns erlebt hat und jeden Weg, den wir gehen, vor uns gegangen ist. Jesus ging durch Armut, er ging durch Leid, er erlebte Betrug und Gewalt. Jesus war ganz Mensch, obgleich ganz Gott, und er machte die gleichen menschlichen Erfahrungen wie wir. Er erlebte Liebe, Freude und Freundlichkeit genauso wie Gefühle von Spannungen, Enttäuschungen, Angst und Traurigkeit.

Ich lasse mein vergangenes Jahr Revue passieren. Ja, es ist viel passiert. Ich musste in diesem Jahr sehr deutlich spüren, was es heißt, keinen Halt unter den Füßen zu haben, wie auf schneeglatter Straße auszurutschen und ins Schlittern zu geraten. Wie menschliche Versprechungen plötzlich schmelzen wie frischer Schnee auf der warmen Hand, und wie Vertrauen brechen kann wie die dünne Eisschicht eines Sees. Es war kein leichtes Jahr für mich und meine Ehe. Ich bin ausgerutscht, eingebrochen und dann ins eisige Wasser gefallen.

Doch ich wurde wieder herausgezogen, getrocknet und umarmt. Wie die strahlende Sonne, die den Schnee zum Glitzern bringt und die Wangen und die Nasenspitze wärmt, so durfte ich Jesu Nähe erleben. Er zeigte mir einen Weg, dem ich nur folgen musste, weil er ihn bereits vorausgegangen war.

Das Zwitschern einer kleinen Meise holt mich aus meinen Gedanken zurück. Während ich meine Füße spielerisch Schritt für Schritt in die Spuren meines „Vorgängers" setze, wird es mir leicht ums Herz. Ich darf mich in den Wegen eines anderen bewegen. Ich darf sie selbst gehen.

An einer Stelle enden die Spuren jedoch. Oder besser gesagt: Ich sehe, dass sie einen Weg einschlagen, den ich nicht gehen möchte. Wie gut, dass meine Füße bis hierher trocken geblieben sind. Wie gut, dass ich so viel Energie sparen konnte, um nun an dieser Stelle meinen eigenen Weg zu gehen. Die nächsten Schritte werden vielleicht unangenehm sein, womöglich bekomme ich nasse Füße und es kostet mich mehr Kraft, doch ich kenne mein Ziel. Es lohnt sich!

Ich darf Nachfolgerin sein und ich darf Pionierin sein. Ich darf von den Erlebnissen anderer lernen und mich in ihren Spuren bewegen. Ich darf auf unbekannten Wegen neue Erfahrungen machen, Abenteuer erleben, Gutes und Schlechtes abwägen und meine Erkenntnisse dann anderen als Spuren hinterlassen.

Und wer weiß, wer der Nächste ist, der meinen Spuren folgt und sich dann an trockenen Füßen erfreut? In den Spuren anderer zu gehen oder neue Wege zu gehen und anderen davon zu berichten – das macht menschliche Beziehungen aus.

Wir folgen, wir gehen voran, wir gehen nebeneinander, wir gehen allein.

Und – wir werden getragen. Immer.

Wenn Sarah Dent (38) aufs Mountainbike steigt, um die Berge rund um Salzburg zu erkunden, lässt sie gerne Platz in ihrem Rucksack. Denn findet sie etwas Schönes, sei es ein Zweig oder ein besonderer Stein, nimmt sie ihn mit. Zu Hause dient er ihr als Erinnerung an diese besondere Zeit und inspiriert sie für ihre Texte. Gottes Größe bestaunt sie immer wieder aufs Neue – zwischen Stille und wildem Alltagstreiben. Sarah ist verheiratet und hat gemeinsam mit ihrem Mann drei Töchter.

Unser besonderer Adventskalender

ANGELIKA SCHOLL

●────────●

Seit ich verheiratet bin, bereite ich für die Bewohner meines Zuhauses alle Jahre wieder einen Adventskalender vor – zuerst nur für meinen Mann Artur, später wurden auch William, Carmen und Mats (unsere Kinder) bedacht. Bis 2019 waren Geschenke verschiedener Art drin, meist etwas Nützliches oder Schönes für die jeweiligen Familienmitglieder.

Für mich ist Weihnachten jedoch wirklich Jesu Geburtstag und das will ich so gern auch unseren Kindern nahebringen. Das bedeutet, dass man eben nicht selbst mit Geschenken überhäuft werden muss, sondern dass sich diese Zeit hervorragend dazu eignet, *seine Liebe* weiterzugeben. Dazu kam mir 2020 eine besondere Idee, die wir dann mit den Kids tatsächlich umsetzten.

Unser Adventskalender beinhaltete in diesem Jahr nämlich keine Geschenke für uns, sondern Zettelchen, auf denen

Aufgabenstellungen geschrieben waren, die unter dem Motto standen „Gottes Liebe an andere weitergeben".

Da waren zum Beispiel die älteren Menschen in unserem Wohngebiet, die teilweise schon ihren Partner verloren hatten, denen wir selbstgemachte Plätzchen vor die Tür stellten.

Da war der krebskranke Erstklässler des Schulleiters unserer christlichen Grundschule, dem wir mit einem schönen Buch die vielen schweren Stunden versucht haben zu verschönern.

Da waren unsere 26 Nachbarschaftshaushalte, die uns das gesamte Jahr über mit unseren lautstarken Kindern freundlich ausgehalten hatten und die an Heiligabend eine schöne und leckere Überraschung vor die Tür gestellt bekamen.

Da waren Nachbarn, die enge Familienangehörige verloren hatten, denen wir durch kleine Aufmerksamkeiten unsere Anteilnahme ausdrückten.

Da waren die vielen kleinen Familien im Flüchtlingsheim, denen wir Kisten mit Spielsachen und Süßigkeiten füllten und die ausnahmslos überrascht und glücklich waren. Da waren die Männer und Frauen, die uns täglich oder wöchentlich dienen mit dem Überreichen der Post, dem Abholen unseres Mülls oder dem Bedienen an der Fleischtheke, denen die Kids ein schönes Bild malten und die ebenfalls von unserem riesigen Plätzchenberg etwas eingepackt bekamen.

Da war das Kind aus der bedürftigen Familie, dessen Wunsch wir uns vom Weihnachtsbaum aus der Kreisstadt holten und erfüllten.

Und da waren Geschwister im Herrn, die durch schwere (Krankheits-)Zeiten gingen, denen wir mit einer kleinen Aufmerksamkeit zu zeigen versuchten, dass wir an sie dachten, für sie beteten und sie liebten.

Wir haben allerdings nicht einfach nur Geschenke verpackt, sondern auch jedem Geschenk ein paar persönliche Zeilen beigelegt mit der Erklärung, warum wir das gemacht haben. Dabei wiesen wir mit dem so bedeutungsvollen Vers 16 aus Johannes 3 auf Gottes Liebe hin:

„So sehr hat Gott die Welt geliebt, dass er seinen einzigen Sohn gab, damit jeder, der an ihn glaubt, nicht verlorengeht, sondern das ewige Leben hat!"

Es war eine absolut besondere Adventszeit und ich empfehle diese Aktion unbedingt zum Nachmachen. Liebe weitergeben und Beschenken macht nämlich richtig froh! Zusätzlich haben wir übrigens etwas zurückbekommen: Beziehungen, mit denen ich nie gerechnet hätte, und mehr Offenheit uns gegenüber.

Wir hoffen nur sehr, dass der kleine Samen, der dabei gestreut wurde, Ewigkeitsfrucht hervorbringt. Diese Geschichte soll übrigens nicht uns ehren, sondern einzig und allein Gott.

SOLI DEO GLORIA!

Angelika Scholl sagt über sich selbst, dass ihr höchstes Gut Jesus, ihr Erlöser, ist. Außerdem hat Gott ihr den Traum von einer Familie mit einem liebevollen Mann und drei wunderbaren

Geschenken erfüllt. Ihrer eigenen Familie wie auch ihrer
Gemeindefamilie widmet sie sich nun in Vollzeit und von
Herzen.

Weihnachten auf hoher See

LYDI DUECK-ZIELKE

◆————————◆

Weihnachten – das Fest der Stille und der Freude. Nun ja, still ist hier im Moment gar nichts, dafür aber umso freudiger, denn wir leben mit unseren vier Kindern zwischen zehn und sechzehn Jahren auf einem Katamaran.

Seit 2020 Jahr haben wir uns von Kroatien aus bis nach Französisch-Polynesien „westgesegelt", ohne eine genaue Ahnung davon zu haben, wie das funktioniert. Das Segeln ist ja schnell gelernt, aber wir mussten feststellen, dass das der kleinste Teil von allem ist. Damals verspürten wir den Ruf und wollten uns als Familie auf dieses große Abenteuer einlassen – um die Welt, uns selbst und Gott ganz neu kennenzulernen.

Als uns nach und nach diverse Pumpen, Sensoren und elektrische Verbindungen verließen und wir unseren 45 Fuß langen Katamaran „bright Star" auch schon mal im Dunkeln nach Schaltern abtasteten, kam hin und wieder der Gedanke auf, ob das nicht alles eine Nummer zu groß für uns war!

War es aber nicht und wir lernten tapfer weiter. Wenn man dann mal vier Wochen ohne Gemüse und Obst auf den entferntesten Inseln dieser Welt verbringt und eigentlich keiner wieder in die Zivilisation möchte, weil es so schön ist, aber der mangelnde Essensvorrat es erfordert, dann weiß man eines: Egal, wo wir sind und wie der Wind weht – *Weihnachten, du kannst kommen! Denn ich bin vorbereitet.* Gefühlt können wir nämlich mit dem Vorrat, den ich mir hier zurechtgelegt habe, drei Monate überleben. Und das mit vier hungrigen Jungs, die immer essen wollen.

Selbst Stollen habe ich in Tahiti gefunden. Den mag zwar keiner, aber der kommt trotzdem auf den Tisch! Einfach nur so fürs Gefühl. Zuckerstangen werden zu Dutzenden gekauft, denn damit versuche ich das Gefühl zu betäuben, das immer wieder aufkommt, gerade bei den Zwillingen. Es ist das zweite Weihnachten ohne Familie, ohne Gemeinde und die Nähe, die wir so kannten, bevor wir losgesegelt sind … und das war noch vor Corona. Dass auch unsere Lieben sich dieses Weihnachten nicht alle auf einmal treffen, ist nur ein kleiner Trost.

Für mich persönlich sind Geburtstage oder auch Weihnachten immer eine stressige Zeit. Das hat sich auch auf dem Boot nicht verändert. Ich möchte es schön, durchdacht und organisiert haben. Wenn aber Weihnachten und drei Geburtstage fast direkt hintereinander stattfinden und die Ressourcen limitiert sind, laufen mir schon Wochen vorher Schweißperlen über die Stirn, wenn ich nur daran denke. Denn Geschenke sind hier fast unmöglich zu finden, und Erdbeeren für den Erd-beerkuchen, den sich der Sohn zum Geburtstag wünscht, un-erschwinglich ...

Blumenkohl wünscht sich ein anderer Sohn – einen gan-zen Blumenkohl nur für ihn. Das wäre leicht zu besorgen in Deutschland ... aber hier? Fast unmöglich. Zwiebeln wurden die letzte Woche nicht mitgeliefert, was bedeutet, dass es in der ganzen Region keine Zwiebel mehr gibt, bis das nächste Ver-sorgungsschiff aus Neuseeland eintrifft.

Trotz allem empfinden wir es als ganz großes Privileg, so feiern und uns darauf besinnen zu können, was wirklich wich-tig ist.

Aber was ist denn wirklich wichtig?

Also für uns ist es erst mal wichtig, dass der Anker gut hält, denn für Weihnachten ist ziemlich viel Wind angesagt, deshalb geben wir gleich mehr Kette. Der Sohn schnorchelt dann den Anker ab und schaut, dass er sich gut vergraben hat. Aber nicht nur unserer, nein, mittlerweile werden alle Anker der Nachbar-boote „abgeschnorchelt" – gerade vor Weihnachten. Es könnte ja sein, dass andere Boote anfangen zu driften und dann unser Weihnachtsfest stören, weil sie uns bedrohlich nahe kommen. Mein Sohn weiß dann auch genau, wie die Ketten über dem Grund laufen und ob sie sich überlappt haben.

Dann ist wichtig, dass unsere Batterien voll sind, denn ohne Batterie können wir am Abend, wenn die Sonne untergegangen ist und das Solardach nicht mehr für Energie sorgt, keine Lich-ter brennen lassen.

Und so sitzen wir nun am Weihnachtsabend in Moorea gemütlich beisammen, sachte hin und hergeschaukelt von den kleinen Wellen, und reden über all die Dinge, die wir schon lernen durften und die einen direkten Bezug zu unserem Leben haben. Dass Gott uns durch die Geburt seines Sohnes einen Anker geschenkt hat, der uns Halt geben möchte, zum Beispiel. Dass das Metallstück auf dem Meeresgrund das große und fast 20 Tonnen schwere Boot tatsächlich davor bewahrt, sich vom Platz wegzubewegen, an dem man es geankert hat. Dass es so Stürme und starken Wellengang aushalten kann und sich nur im Radius der ausgelassenen Kette bewegt – wenn der Anker denn auf richtigen Grund getroffen ist.

Wie oft haben wir gemerkt, dass ein Anker, der auf Seegras oder Steine gesetzt wurde, einfach nicht halten wird. Erst mal sieht es vielleicht so aus und wir sind ganz relaxt, bis dann unser „Ankeralarm" losgeht und der Sohn ruft, dass das Boot driftet. Dann wird der Anker wieder hochgezogen, und wir suchen uns einen schöneren sandigen Untergrund, in den sich der Anker mit Genuss hineingraben wird. Das ist der Sinn des Ankers: Er will Halt geben. Unzählige Male haben wir schon darüber diskutiert, ob wir den Haken wieder hochholen oder erst mal abwarten, aber immer wieder siegt die Vorsicht. Kein Sturm in der Nacht wird uns überraschen und uns feststellen lassen, dass wir uns in Richtung Riff bewegen, nur weil wir vorher zu bequem gewesen sind.

Ist das nicht im richtigen Leben auch so?

Ich meine, wir leben so vor uns hin und feiern fröhlich und

unbeschwert Weihachten und den ultimativen Sinn dahinter, bis wir im realen Leben merken, dass Sturm und Wellen über uns hereinbrechen und das Unwetter offenbart, dass unser Anker eben doch nicht so gut vergraben war. Dann ist es leider nur ein Metallstück, das unter unserem Boot hin und herschaukelt und uns ein gutes Gefühl der Sicherheit verspricht …

Eines meiner Lieblingsgespräche war der Austausch mit dem Skipper unseres Nachbarbootes vor fast zwei Jahren in Kroatien. Er sagte mir, dass die meisten Menschen tatsächlich denken, der Anker hält das Boot. Was aber die wichtigste Komponente darstelle, sei die Verbindung zwischen dem Anker und dem Boot … die Ankerkette. Ist keine Verbindung da, wird der teuerste, schwerste und technisch versierteste Anker nur ein Stück Metall bleiben, das bestenfalls als Spielzeug für neugierige Fische dient. Auf diese Verbindung kommt es in unserem Glauben an. Sie ist letztlich dafür verantwortlich, ob Gott wirklich unser „Anker" ist oder nicht.

Die Verbindung beziehungsweise die Beziehung zu Jesus ist es, die wir beeinflussen können. Genauso, wie wir uns bei jedem Sturm überlegen, wie viel Meter Kette wir rauslassen wollen, und bei jeder Inspektion checken, ob alle ihre Glieder unbeschädigt sind, können wir unsere Beziehung zu Jesus immer wieder nach bestimmten Kriterien überprüfen und sie dann stärken, nachjustieren und reflektieren. Dann kann es auch mal turbulenter zugehen auf unserem „Lebensschiff", aber das Weihnachtsfest mit dem Jesuskind im Mittelpunkt erfüllt seinen Sinn jedes Jahr aufs Neue. Es dient zur Erinnerung daran, dass wir durch die Verbindung und den Glauben an das Kind in der Krippe Halt und Sicherheit erfahren dürfen. Dass Jesus selbst die Verbindung zum Vater ist.

Lydi Dueck-Zielke hat nach zwei Jahren auf dem Wasser nun wieder festen Boden unter den Füßen und genießt jeden Schritt darauf. Ein wenig Fernweh wird wohl immer bleiben, aber Ost- westfalen Lippe, wo sie mit Familie lebt, ist ja auch ein schöner Ort – eigentlich sogar „der Nabel der Welt", wenn es nach ihrem Sohn geht. Außerdem hat Lydi erfahren: Manchmal muss man einfach mal weg, um wieder schätzen zu können, was vor der Haustür liegt.

Keine klassische Bescherung

BORIKA LEA LUFT

—◆———◆—

Für mich beginnt die Weihnachtszeit immer mit den Adventskonzerten, die unsere Gemeinde zusammen mit Partnergemeinden jedes Jahr gestaltet. Wir üben Lieder ein, die von Jesu Geburt und seinem Geschenk an uns Menschen handeln, und verschenken diese als kostenfreies Konzert verpackt an unsere Mitmenschen, an Christen wie auch Nicht-Christen. Durch die Musik können wir Gottes Liebe weitergeben und vom wahren Sinn von Weihnachten berichten. Die Musik zieht sich auch in mein Familienleben hinein. Über die Weihnachtstage verteilt treffen wir uns als Großfamilie in der festlich geschmückten Wohnung, haben Gemeinschaft beim Essen, Reden und vor allem beim Singen.

Ich verbinde viel mit Gerüchen. Sobald es also nach Weihnachtsgebäck, Tannenzweigen, Gewürzen und Kerzen duftet, breitet sich ein wohliges Gefühl in mir aus. Ich fühle mich geliebt, geborgen und reich gesegnet. Es ist ein Privileg, dass ich Weihnachten jedes Jahr mit einer Familie feiern kann, bei der Gott im Lebensmittelpunkt steht, Frieden untereinander herrscht und alle Generationen einander liebevoll begegnen. Das bewegt mich immer wieder aufs Neue.

Die erfahrene Liebe und diesen Segen möchten wir als Familie weitergeben, weshalb wir an Weihnachten auch öfter Menschen bei uns aufnehmen, die das Fest sonst allein verbringen müssten. Sich Zeit füreinander zu nehmen ist ein Geschenk, das mit keinem Geld der Welt erworben werden kann und ein großer Liebesdienst ist. „Wir wollen lieben, weil er uns zuerst geliebt hat" (1. Johannes 4,19).

Im Gegensatz zu den Weihnachtsfesten in meiner Kindheit stehen nicht mehr die Geschenke im Vordergrund, sondern die Geburt Jesu, der für uns Menschen auf die Welt kam, um uns später durch sein Wirken, Sterben und Auferstehen zu retten und Licht in unsere dunkle Welt zu bringen. Deshalb mein Tipp: So schön und traditionell es auch sein mag, wir machen keine klassische Bescherung mehr unter dem Weihnachtsbaum am Heiligen Abend. Wir beschenken einander am Morgen des 24. Dezembers, sodass wir uns den restlichen Tag auf die wahre Bedeutung von Weihnachten und die Gemeinschaft mit anderen Menschen konzentrieren können.

Borika Lea Luft, 24 Jahre alt, lebt in Pforzheim und arbeitet an einer christlichen Privatschule. In ihrer Freizeit mag sie es, zu singen und zu backen, sich in ihrer Gemeinde zu engagieren und Menschen, die sie liebt, zu beschenken.

Auf den Knien

MICHAELA HILPERT

◆————————◆

Ich liebe Weihnachten. Schon lange bevor die Adventszeit beginnt, denke ich bereits über Weihnachtsgeschenke, weihnachtliche Events, Weihnachtsschmuck und den Weihnachtsschmaus nach. Denn Weihnachten kommt jedes Jahr so schnell und ist dann auch immer wieder so schnell vorbei. In den vier Wochen Advents- und den zwei Wochen Weihnachtszeit möchte ich die Weihnachtsstimmung im Haus, beim Spazierengehen durch die beleuchteten Häuserreihen und beim Bummeln in den Einkaufsstraßen in vollen Zügen genießen.

In diesem Jahr hatte ich schon im September Freundinnen dazu animiert, bei einem selbstgemachten Adventskalender mitzuwirken. Dabei gestalten 24 Teilnehmer und Teilnehmerinnen jeweils 24 gleiche, kleine, selbstgemachte Geschenke, die dann auf alle Teilnehmer und Teilnehmerinnen verteilt werden. Weil alle sich bereiterklärt hatten, mehr als 24 kleine Geschenke zu basteln, konnten wir sogar zwei Frauen mit einem Kalender beschenken, die gern mitgemacht hätten, denen es aber nicht möglich war oder die einfach ein schwieriges Jahr hinter sich hatten.

Außerdem bekam ich wunderschöne Flyer geschenkt, die Weihnachten denjenigen erklären, die damit nichts anfangen konnten. Diese Flyer hängte ich an Schokoladen-Nikoläuse und verteilte sie an die Mitarbeiter von der Müllabfuhr und vom Paketdienst.

Auch war ich eine der ersten, die dieses Jahr einen Tannenbaum kauften. Der Verkäufer war noch mit dem Aufbau beschäftigt, aber da es die schönsten Bäume waren, die ich seit Langem gesehen hatte, musste ich ihm gleich einen abkaufen.

Alles war vorbereitet, dekoriert und gebacken. Da sollte es noch einmal Mitte Dezember für ein paar Tage in den Urlaub gehen. Ich hatte keine Lust, aber mein Mann wollte dem schlechten Wetter entfliehen.

Die letzte Nacht im Urlaub verbrachte ich auf der Toilette. Die Heimfahrt war eine Tortur. Zwei Nächte später ging es dann bei meinem Mann los. Wir isolierten ihn sofort, damit nicht auch noch die Kinder etwas abbekamen. Anfangs dachten wir, ich hätte im Hotel lediglich etwas Falsches gegessen. Aber da mein Mann es nun auch hatte, steckte wohl mehr dahinter.

Nun war ich immer noch nicht fit und hatte den ganzen Tag die Kinder, die nachts gerade nicht gut schliefen. Wenn der eine wieder eingeschlafen war, kam der andere und weckte uns. Ich schleppte mich durch den Tag und versuchte, nachts wenigstens ein bisschen Schlaf zu bekommen. Kurz vor Weihnachten sagte mein Mann, er hätte nun auch noch Schnupfen und würde einen Corona-Test machen. Er war positiv.

Der PCR-Test bestätigte das Ergebnis. Der Anruf kam am 23. Dezember um 18 Uhr.

Ich hatte so eine Wut in mir. Auf diesen Urlaub. Auf meine erschöpfende Situation mit den beiden Kindern, die auch nicht gerade bester Laune waren nach den letzten schlechten Nächten und mit einer Mutter, die sich gerade so aufrecht halten und bei Kleinigkeiten nicht mehr ruhig reagieren konnte. Aber ganz besonders groß war meine Wut auf meinen Mann, der seinen Willen bezüglich des Urlaubs gegen meinen Willen durchgesetzt hatte und mich jetzt mit der Situation allein ließ. Allerdings hatten wir in diesem Fall gemeinsam entschieden, ihn zu isolieren, um nicht noch mehr Familienmitglieder anzustecken.

Und wo war Gott? „Meine Kraft ist in den Schwachen mächtig", heißt es in 2. Korinther 12,9. Ich merkte jedoch nichts davon. Auch die Veränderung, die ich mir so sehr für mich gewünscht hatte, konnte ich nicht erkennen. Ich wollte in Drucksituationen nach schlaflosen Nächten nicht mehr wütend auf Kleinigkeiten reagieren, sondern mit Gelassenheit. Ich war erschöpft, frustriert und zutiefst enttäuscht.

All die Botschaften von der Geburt Jesu und seiner Liebe für uns Menschen, die ich in den letzten Wochen an Freunde, Verwandte, Nachbarn und Dienstleister verteilt hatte, kamen mir in den Sinn und schienen mich geradezu auszulachen.

Am 24. Dezember war ich mal wieder auf meinen Knien,

um die Essensreste meiner Kinder wegzuputzen, als die Wut in tiefen Schluchzern einfach so aus mir herauskam und die Tränen mir in Bächen die Wangen hinunterrannen. Irgendwann wich die Wut und ich konnte nur noch kapitulieren.

Meinen Mann holten wir aus seiner Isolation, um mit uns ein bisschen Weihnachten zu feiern, aber auch, um mich, soweit es ging, zu unterstützen. Ich versuchte für unsere Familie so gut wie möglich Weihnachtsstimmung aufkommen zu lassen mit Keksen, Kerzen, Weihnachtsliedern und Geschenken. Ich genoss es, den Jungs beim Auspacken der Geschenke zuzuschauen. Unser Dreijähriger strahlte vor Freude über die tollen Geschenke und für unseren neun Monate alten Sohn war ohnehin alles interessant, was neu war und in den Mund genommen werden konnte.

In den zwei Wochen Quarantäne konnten wir alle zur Ruhe kommen. Ich war überrascht, wie gut es klappte, die beiden umtriebigen Jungs vierzehn Tage im Haus und Minigarten zu beschäftigen, ohne einen Lagerkoller zu bekommen. Wie viel Gedanken ich mir vorher doch gemacht hatte, wie ich die beiden bis zum Abend zu ausreichend Bewegung im Freien bekommen konnte, damit sie abends müde und entspannt ins Bett gingen. Es ging offensichtlich jedoch auch ohne. Es kam mir beinahe so vor, als würde der Dreijährige die entspannte Ruhe zu Hause genießen, wenn Mama und Papa voll da waren. Da der Kleinere in den letzten Wochen immer mehr Fähigkeiten zum Mitspielen entwickelt hatte, wurden die Jungs richtig gute Kumpels in den beiden Wochen.

Und ich verliebte mich noch einmal neu in meine beiden Jungs. Ich lernte sie von einer ganz anderen Seite kennen und schätzen. Viele Situationen verliefen ruhiger als in den Tagen zuvor und wenn nicht, konnte ich auf vieles gelassener reagieren. Hier bin ich immer noch am Lernen und habe mir deshalb „Gelassenheit" als Jahreswort für das neue Jahr vorgenommen, an das ich mich immer wieder erinnern möchte. Auch wenn ich immer wieder versagen werde und immer wieder Vergebung brauche, soll mich dieses Wort daran erinnern, dass ich mich in diesem Punkt verändern will und verändern werde.

Zum neuen Jahr bat ich Gott um einen persönlichen Jahresvers und er schenkte mir Habakuk 3,19 (Gute Nachricht Bibel): „Der Herr, der mächtige Gott, gibt mir Kraft! Er macht mich leichtfüßig wie eine Gazelle und lässt mich sicher über die Berge schreiten." Was für eine schöne Zusage – insbesondere nach schlechten Nächten.

Aus Wut und tiefer Enttäuschung wurde eine gesegnete und lehrreiche Zeit. Gott lässt immer wieder Herausforderungen zu, um unseren Charakter zu formen und unseren Glauben zu stärken (Hebräer 12, 1–13, Jakobus 1, 2–27). Auch an meinem geliebten Weihnachten.

Michaela Hilpert liebt ihre beiden Jungs, ihren Mann und das Privileg, in ihrer Elternzeit Gott ganz neu kennenlernen zu dürfen und neue Wege zu wagen.

Krippenspiel in Afrika

KATRIN SCHMIDT

◆——————◆

Es war so ein ganz anderes Weihnachten, als ich mit meinem Mann für ein Jahr in Kenia auf einer Missionsstation die Missionarskinder unterrichtete. Schon allein das Wetter war irritierend – von Schnee keine Spur. Es war heiß und staubig, so gar nicht weihnachtlich für uns, aber wahrscheinlich der damaligen Situation in Bethlehem viel näher. Genau das brachte uns auf eine Idee. Wir waren angefragt worden, mit den Kindern ein Weihnachtsstück einzuüben. So etwas hatte ich schon öfter gemacht, in feinen Kostümen in einer schön herausgeputzten Kirchenkulisse.

Als mein Mann und ich am Nachmittag wieder einmal den Berg von der Schule bis zu unserem Haus hinaufstiegen, schweifte unser Blick über die Station. Da vorn neben dem Ziegenstall auf der Wiese hätten die Hirten von Ziegen umringt am Lagerfeuer gesessen haben können, als der Engel ihnen erschien, um ihnen die frohe Nachricht von Jesu Geburt zu verkünden. Dort oben auf der Anhöhe wäre ein hervorragender

Ausblick für die Weisen aus dem Morgenland gewesen, die nach dem Stern Ausschau hielten. Und der Eingangsbereich unserer großen Bäckerei glich für uns einem Wirtshaus, in dem Maria und Josef Zuflucht gesucht haben könnten. So entschieden wir uns kurzerhand zu einem Open-Air-Theaterstück, bei dem nicht die Schauspieler auf und ab gehen würden, sondern das Publikum. Die Menschen würden einen längeren Weg über die Station zurücklegen und dabei immer wieder an den geeigneten Stellen eine neue Szene aus der Weihnachtsgeschichte beobachten können.

Gesagt, getan. Wir setzten diese Idee um – und es wurde eine ganz besondere Aufführung. Wir ließen die Ziegen mitspielen und liehen uns sogar eine Eselin mit ihrem Fohlen aus, auf der Maria und Josef einen holprigen Bergweg hinuntergeritten kamen. Unser Kind in der Krippe war ein echtes Baby, das fröhlich brabbelnd den neugeborenen Jesus spielte. Das Publikum tauchte ein in die besonderen Geschehnisse der ersten Weihnacht.

Auch für uns, die wir lange an allem gefeilt und die Texte gemeinsam mit den Kindern erarbeitet hatten, wurde es ein ganz besonderer Moment, der unsere Herzen berührte. Diese Geschichte, die uns schon so geläufig ist, einmal ganz anders zu erleben und mittendrin dabei zu sein, brachte uns das Wunder der Geburt Jesu auf eine neue Art und Weise nah.

Katrin Schmidt ist Grundschullehrerin, Mutter von drei Kindern und liebt es, Gott auf ganzheitliche Weise zu begegnen – denkend, handelnd und mit offenem Herzen.

Der lebendige Adventskalender

CAROLIN SCHMITT

◆────────────◆

Seit ein paar Jahren gibt es in unserem Dorf einen „lebendigen Adventskalender", um die Menschen während des Advents auf Weihnachten einzustimmen. Jeden Tag öffnet ein anderes Haus seine Tür oder ein Fenster. Für etwa zwanzig Minuten können die Gäste dann etwas sehen, hören oder erleben. Im letzten Jahr hatten auch wir uns als Familie entschieden, unser Hoftor zu öffnen – als „Türchen" für den 21. Dezember.

Immer wieder kamen uns im Vorfeld Zweifel, ob drei Tage vor Heiligabend überhaupt Leute kommen würden. Viele klagen vor Weihnachten über einen ohnehin schon zu vollen Terminkalender. Trotzdem bereiteten wir zuversichtlich unser Programm vor, auch wenn vielleicht nur eine Handvoll Freunde und Bekannte kommen würde. Für uns stand im Vordergrund, dass die Menschen nicht nur die weit verbreitete Botschaft „Weihnachten – das Fest der Liebe" zu hören bekommen, sondern das Evangelium, die gute Nachricht von Jesus Christus.

Schließlich war es so weit und wir öffneten unser Hoftor. Unsere Bedenken wurden innerhalb weniger Minuten über den Haufen geworfen, als sich etwa dreißig bis vierzig Erwachsene und einige Kinder in unserem Hof versammelten, um das „Kalendertürchen" (das in diesem Fall aus einem großen Stofftuch bestand) gemeinsam mit uns zu öffnen. Hinter der Nummer 21 verbarg sich ein Rettungsring. Mein Mann erklärte den Gästen, was es damit auf sich hatte und wie dieser Rettungsring mit dem Kind in der Krippe zusammenhing. Zum Abschluss sangen wir das Lied „O du fröhliche" und die Weihnachtsbotschaft erschallte aus unserem Hof bis weit in die benachbarten Häuser.

Dankbar wärmten wir uns danach am Feuer im Hof, und bei Punsch und Glühwein kamen wir noch mit vielen Gästen ins Gespräch. Für uns war dieser Abend ein kleines Weihnachtswunder. Gott hatte so viele Menschen aus unserem Dorf geschickt – trotz des ungünstig erscheinenden Termins –, um seine rettende Botschaft zu hören.

Carolin Schmitt lebt mit ihrem Mann und ihren beiden Söhnen in Karlsdorf/Baden. Sie ist Vorstand des Jüngerschaftsdienstes BASIS.lager e. V.

Abschied von Oma

JUDITH HENKEL

◆————————◆

Ich hatte schon immer ein besonderes Verhältnis zu meiner Oma. Sie wohnte bei uns, bis ich ungefähr fünf Jahre alt war. Danach lebte sie zumindest noch im selben Dorf. Für mich und meine vier Geschwister war sie folglich nie weit weg. Nach und nach haben wir jedoch alle bis auf eine unsere Heimat in der Pfalz verlassen.

Als meine Oma gebrechlich wurde, bot ihr meine Schwester, die in der Pfalz geblieben war, an, zu ihrer Familie zu kommen. Erst nachdem sie in einem Traum deutlich von Gott gehört hatte, dass sie umziehen soll, war sie bereit dazu. Das war „zufällig" an einem Tag, als ich zu Besuch kam. Während wir das Lied „So nimm denn meine Hände" sangen, fuhr ich meine Oma aus dem Dorf hinaus, in dem sie geboren war. Ungefähr eine Stunde später kamen wir dann an ihrem neuen Wohnort bei meiner Schwester an, und sie lebte sich dort gut ein.

2019, ungefähr sechs Jahre später, war meine Oma 93 Jahre alt und pflegebedürftig. Immer wieder kamen mir Gedanken wie „Werden wir rechtzeitig merken, wenn sie nicht mehr lange zu leben hat?" und „Werden wir uns verabschieden können?" Diese Sorgen wollten in mir aufsteigen, aber ich entschied mich bewusst, sie auf Jesus zu werfen. Ich entschloss mich, ihm zu vertrauen, dass er sich um alles kümmern würde. Und immer wieder erlebte ich in solchen Momenten, wie Friede mich durchströmte und die sorgenvollen Gedanken schwiegen. Dann kam Weihnachten. Meine Schwester, bei der meine Oma lebte, rief an und fragte mich als Krankenschwester um pflegerischen Rat. Außerdem bereitete sie uns als Geschwister, darauf vor, dass es Oma nicht gut ging.

Unsere Familien-Weihnachtsfeier, die wegen unserer Oma die letzten Jahre immer im Haus meiner Schwester stattgefunden hatte, hatten wir in diesem Jahr auf den 28.12. gelegt.

Als ich nach circa zwei Stunden Fahrzeit ankam und meine Oma sah, spürte ich, dass es das letzte Weihnachten mit ihr sein würde. Es war, als hätte sie auf mich und meine Geschwister gewartet, um sich zu verabschieden. Mein Bruder war mit seiner Freundin aus China zum Weihnachtsurlaub angereist. Für die beiden betete sie. Meine jüngere Schwester und ihre Familie segnete sie. Eine meiner Schwestern wollte eigentlich erst einen Tag später zu ihr ins Zimmer kommen, um sie nicht zu überfordern. Sie ging dann aber doch gemeinsam mit mir zu ihr. Da sang ich einem inneren Impuls folgend das alte Lied „Es ist Kraft, Kraft, wunderbare Kraft in dem Blut, in dem Blut des Heilands allein."

Obwohl Oma sehr schwach war, wippte sie im Takt mit dem

Finger mit. Danach ließen wir Oma allein und gingen ein Stockwerk tiefer ins Wohnzimmer, um Weihnachtslieder zu singen und Geschenke auszutauschen. Als ich danach zusammen mit meinem Bruder noch einmal in Omas Zimmer kam, spürte ich sofort, dass sie nicht mehr da war. Wir holten unsere Geschwister, und da standen wir dann zu fünft, Hand in Hand, und haben Gott für das Leben unserer Oma gedankt. Was für ein Abschied! Sie durfte in ihre ewige Heimat gehen, als wir Gott mit Weihnachtsliedern lobten, und wir hatten uns alle von ihr verabschieden können! Noch dazu konnten wir alle nun meine Schwester mit den Beerdigungsvorbereitungen unterstützen.

Ich hatte sie in dieses Haus gebracht und durfte nun dabei sein, als sie dieses Haus wieder verließ. Eine besondere Ehre war für mich auch, sie pflegerisch noch einmal versorgen zu können. Es war wirklich ein rundum schöner Abschied! Ein Wunder war auch, dass die Beerdigung noch stattfinden konnte, bevor mein Bruder und seine Freundin wieder zurück nach China mussten. Besser hätte es ein Mensch nicht planen können. Diese Familienweihnacht werden wir wohl nie vergessen und wir sind unglaublich dankbar dafür.

Judith Henkel sieht ihre Berufung als Krankenschwester in der ambulanten Pflege. Sie liebt es, Menschen die Liebe Gottes weiterzugeben. Zu Hause ist sie gern kreativ, momentan am liebsten in ihrer Küche. Zusammen mit ihrem Mann lebt sie im Landkreis Tübingen.

Göttliches Wunder in Menschengestalt

DÉSIRÉE WIKTORSKI

Gott wurde arm für uns – das sagt sich so leicht.
Doch haben wir echt verstanden, was das wirklich heißt?
Alle Jahre wieder
dieselben Lieder,
von Licht, Glanz und Gloria.
Erzählen sie, wie's wirklich war?

Gott war nicht willkommen
und wollte doch kommen.
In diesen Stall, den erbärmlichen, sonst gab's keinen Platz
für Marias verborgenen Himmelsschatz.
Kein köstlicher Festschmaus, kein strahlender Baum,
nur diesen kargen, verlassenen Raum.

Statt romantisieren
wirklich kapieren
müssen wir das, was geschah diese Nacht,
damit es uns endlich mal wieder staunend macht.
Wir müssen neu das Wundern über Gottes Wunder
lernen.
Wie soll es auch sonst in uns Weihnachten werden?

Gott wurde arm, das heißt doch für mich:
Er tauschte den Himmel für mein Leben,
nein, ich begreif's noch nicht.

Du herrlicher Gott, arm steh ich vor dir,
ja, ich kapitulier
vor dieser Wahrheit, die in Wahrheit unbegreiflich ist,
und weil alles, was ich tun kann, Anbetung ist.

Du selbst machst dich nackt, zerbrechlich und klein,
kniest dich in unsere Armut freiwillig rein.
Aus der Herrlichkeit
in die Unmenschlichkeit,
in Elend, Kälte, dunkle Nacht.
Was für ein Gott bist du nur, der so was macht?

Göttliches Wunder in Menschengestalt.

Komm leg dich, du König und Kind, in mein Herz.
Wenn du strahlst, wenn du lachst, trägst du's himmelwärts.
Du kamst ohne alles, doch gabst alles für mich,
deshalb bist du heute alles für mich.
Ich kann dir nicht mehr und nicht weniger geben
als leere Hände, mein Herz und mein Leben.

In unsere Armut kommst du und machst uns reich,
weil deine Gnade bis in unser tiefstes Elend reicht.
Amen, Amen, sagst du, selig sind die Armen.
Alles, was sie brauchen, ist in meinen Armen.

Denn Gott wurde arm und gab den Himmel auf,
ja, er tat es für uns, nun ist der Himmel auf.
Damals und heute, jeden Tag, jedes Jahr,
Also atme das Wunder, öffne dein Herz und sag Ja.

*Désirée Wiktorski ist Lektorin bei Gerth Medien, Autorin und
Lobpreiserin. Sie liebt es, mit anderen Menschen ins Gespräch
über „Gott und die Welt" zu kommen. Das macht sie unter
anderem im Podcast „Der Flügelverleih" von Gerth Medien.
Außerdem ist sie Mitgründerin und Leiterin des Gebetshauses
Wetzlar.*

Anhang:

Ich möchte Ihnen Mut machen, gerade jetzt in der Adventszeit für Ihr Umfeld Licht zu sein und Liebe weiterzugeben. Ob Sie dem Briefträger oder der Kassiererin ein paar nette Worte sagen oder ihnen ein kleines Geschenk machen, ob Sie jemanden anrufen, der einsam ist, oder sich Zeit nehmen für ein Gespräch mit der Nachbarin – Sie können dazu beitragen, dass der Tag eines anderen Menschen ein wenig heller wird!

Wir Christinnen und Christen sind das Licht der Welt – das hat Jesus uns zugesagt. Wie schön wäre es, auch entsprechend zu leben. Dazu habe ich folgende Ideen gesammelt:

Anderen Gutes tun – in der Familie

- Nehmen Sie sich für jedes Adventwochenende vor, Ihren Familienmitgliedern etwas Gutes zu tun. Sie könnten zum Beispiel eine unbeliebte Aufgabe im Haushalt übernehmen,

Ihrem Partner Frühstück ans Bett bringen oder sich mal wieder Zeit für ein langes Telefonat mit einer Verwandten nehmen. Als Erinnerung können Sie sich im Voraus eine Liste erstellen: Unterteilen Sie ein Blatt Papier in vier Felder. Schreiben oder zeichnen Sie Ihre geplante Liebestat für jedes Adventswochenende in ein Feld. Hängen Sie das Blatt dann an einen Ort, wo Sie es immer wieder vor Augen haben, damit Sie motiviert werden, Ihr Vorhaben auch umzusetzen.

- Schreiben Sie einen Wunschzettel – nicht für sich selbst, sondern für Ihre Familienmitglieder. Dabei geht es nicht um materielle Dinge, sondern um Herzenswünsche. Überlegen Sie: Was wünsche ich mir für sie? Wofür will ich beten? Was kann ich davon selbst umsetzen? Fertigen Sie eine Tabelle mit allen Familienmitgliedern an und schreiben Sie ihre Anliegen neben oder unter ihre Namen. Sie können Ihre Wünsche auch in Kategorien einteilen: wofür Sie beten wollen, wo Sie selbst helfen können oder wobei Sie andere um Unterstützung bitten möchten.

Freunde ermutigen

Ein kleines Lob

- Beschenken Sie Menschen, die Ihnen wichtig sind, mit einer wertschätzenden Nachricht. Überlegen Sie sich für jede Person eine passende Botschaft, zum Beispiel:
„Deine gute Laune ist ansteckend."
„Bei dir fühle ich mich immer angenommen."
„Du bist eine tolle Zuhörerin."
„Sei stolz auf dich – ich bin es auch."
Sie könnten die Nachricht in einen schönen Briefumschlag stecken und eine kleine Praline oder eine andere kleine Aufmerksamkeit dazulegen – hier ist Ihre Kreativität gefragt!

Ermutigungs-Adventskalender

- Jeder freut sich über einen selbstgemachten Adventskalender! Fragen Sie doch mal Gott, wen er Ihnen dieses Jahr aufs Herz legt, und gestalten Sie für diese Person einen Ermutigungs-Adventskalender. Überlegen Sie sich für jeden Tag etwas Aufbauendes, zum Beispiel Bibelverse oder schöne Zitate. Schreiben Sie die Sprüche dann auf Zettel und stecken Sie diese in Streichholzschachteln, die Sie mit Zahlen von 1 bis 24 beschriften. Wenn Sie nicht genügend leere Schachteln haben, können Sie stattdessen auch Briefumschläge nutzen oder kleine Papiertüten basteln. Oder aber Sie hängen die

Ermutigungen als Girlande mit Wäscheklammern mit der Rückseite nach vorne an eine Schnur, sodass jeden Tag ein Zettelchen umgedreht werden kann.

Nachbarn überraschen

- Wussten Sie, dass es Plätzchenausstecher in Form der Krippenfiguren gibt? Geben Sie einfach „Ausstechformen Krippe" in die Online-Suchmaschine ein. Backen Sie dann die Kekse und stellen sie Ihre buchstäblich süße Krippe Ihren Nachbarn vor die Haustür oder überreichen Sie ihr kleines Geschenk persönlich. Dazu können Sie ein schönes gestaltetes Blatt Papier mit der Weihnachtsgeschichte legen und auf die wahre Botschaft von Weihnachten verweisen.

- Haben Sie Familienmitglieder oder Bekannte, die gern singen oder ein Instrument spielen? Dann laden Sie die Nachbarschaft doch mal zu einem Mini-Adventskonzert im Garten oder auf der Straße ein. Währenddessen können Sie Tee und Plätzchen anbieten. Das bringt nicht nur ein wohliges Gefühl für den Magen, sondern auch Wärme ins Herz.

Die Ideen wurden zusammengestellt von *Helena Berger*.

Persönlich. Echt. Lebensnah.

In der Zeitschrift *Lydia* erzählen Frauen einander offen aus ihrem Leben, wie sie Gott begegnen und dabei Erstaunliches erleben. In schönen und in schweren Zeiten. Ein liebevoll gestaltetes Magazin, das zeigt, wie der christliche Glaube den Alltag prägen und Trost, Frieden und Freude schenken kann.

Lydia erscheint viermal im Jahr. Mehr Infos und Bestellmöglichkeiten unter: **www.lydia.net**

Lydia

Wenn nicht anders angegeben, wurden die Bibelstellen der folgenden
Übersetzung entnommen:
Hoffnung für alle®, Copyright © 1983, 1996, 2002, 2015 by Biblica Inc.®.
Verwendet mit freundlicher Genehmigung von Fontis – Brunnen
Basel. Alle weiteren Rechte weltweit vorbehalten.
Weitere verwendete Bibelübersetzungen:
Elberfelder Bibel 2006, © 2006 by SCM R.Brockhaus
in der SCM Verlagsgruppe GmbH, Witten/Holzgerlingen.
Lutherbibel, revidiert 2017, © 2016 Deutsche Bibelgesellschaft, Stuttgart.
Neues Leben. Die Bibel, © der deutschen Ausgabe 2002 und 2006 SCM
R.Brockhaus in der SCM Verlagsgruppe GmbH, Witten/Holzgerlingen.
Bibeltext der Schlachter Übersetzung, Copyright © Genfer Bibelgesell-
schaft, CH-1204 Genf, Wiedergegeben mit der freundlichen Genehmi-
gung. Alle Rechte vorbehalten.

1. Auflage 2022
Bestell-Nr. 817 924
ISBN 978-3-95734-924-8

Umschlaggestaltung: Hanni Plato
Umschlagfoto: tomertu; shutterstock.com
Satz: Greiner & Reichel, Köln
Druck und Verarbeitung: GGP Media GmbH, Pößneck
Printed in Germany

www.gerth.de